HEYNE<

Für meine Eltern und Schwiegereltern

INHALT

Vorwort 9

KAPITEL 1 Flitterwochen mit Schwiegervater 11

KAPITEL 2 Gestern Shanghai, heute Marienheide 35

KAPITEL 3 Die Friedenstaube in der Suppe 67

KAPITEL 4 Wie Rinderrouladen auf den Hund kommen 93

KAPITEL 5 Und wo ist jetzt eure Mauer? 113

KAPITEL 6 Europa in sieben Tagen 137

KAPITEL 7 Zum Geburtstag kein Glück 167

KAPITEL 8 Kommt ein Chinese zum Arzt 183

KAPITEL 9 Kartoffelbrei mit Stäbchen 205

KAPITEL 10 Küsschen, geht sterben und kommt bald wieder 223

VORWORT

Diese Geschichte fängt dort an, wo andere normalerweise aufhören. Mit einer Hochzeit. Das ist der Tag, an dem sich Liebende schwören, sich ein Leben lang treu zu bleiben, gemeinsam durch gute und durch schlechte Zeiten zu gehen. Der Tag, an dem die junge Liebe so unschuldig ist wie das Brautkleid weiß. Der Tag, an dem aus zwei Familien eine wird, an dem sich Kinder und Eltern harmonisch die Hände reichen und gemeinsam die neue Verbindung feiern.

In romantischen Märchen besiegen Held und Heldin den Drachen, heiraten und leben glücklich und zufrieden bis ans Ende ihrer Tage (und essen Rebhühner, wie man in Spanien sagt). Ich jedoch habe mich vor langer, langer Zeit (vor etwa acht Jahren) in ein wunderschönes Mädchen aus Shanghai verliebt. Unser größter Gegner war kein Drache, sondern ein Tiger – der traditionsbewusste Vater meiner Angebeteten.

In vielen Kämpfen haben wir ihn zwar gebändigt, doch manchmal kommt er auch heute noch ganz unvorhergesehen aus dem Hintergrund gesprungen und beißt ein paar Mal kräftig zu.

Nach unserer chinesischen Hochzeit zogen wir aus der Wohnung der Schwiegereltern aus und mieteten im 27. Stock eines Hochhauses eine winzige Wohnung an. Dort genossen wir ein Weilchen in trauter Zweisamkeit unser deutsch-chinesisches Familienleben.

Um das Glück dieser länder- und kontinentübergreifenden Liebesverbindung perfekt zu machen, wollten wir noch einmal in Deutschland im Kreise meiner deutschen Familie und Freunde heiraten. Dann, so meine naive Vorstellung, würden wir alle, das Brautpaar, die chinesischen und deutschen Eltern und alle drum herum glücklich und zufrieden bis ans Ende unserer Tage leben (und Rebhühner essen).

PS: Der Großteil der Geschichten in diesem Buch hat sich so oder so ähnlich zugetragen. Aber natürlich habe ich, wie man in China so schön sagt, auch hier und da ein wenig Öl und Essig hinzugefügt. Guten Appetit!

KAPITEL 1

FLITTERWOCHEN MIT SCHWIEGERVATER

»5 Länder in 7 Tagen! Erleben Sie Europas schönste Städte in entspannter Atmosphäre. Maximale Gruppengröße: 88 Teilnehmer.«

Das ist die perfekte Reisegruppe für meine Schwiegereltern. Meine Schwiegereltern sind Shanghaier Geschäftsleute und meine Frau Liping, so wie fast alle in ihrer Generation, Einzelkind. Vor einiger Zeit haben wir in China sehr traditionell in Rot mit Löwentanz und allem, was sonst noch zu einer klassischen chinesischen Hochzeit gehört, geheiratet. In wenigen Monaten werden wir noch mal in Deutschland Hochzeit feiern, diesmal nach den Traditionen bei mir zu Hause. In der Kirche, in Weiß und in Anwesenheit aller rheinischen Freunde und Nachbarn.

Im Anschluss daran werden wir meine Schwiegereltern in Köln in einen Reisebus mit chinesischsprachiger Reiseleitung setzen, während Liping und ich in den Flieger Richtung Flitterwochen steigen. Endlich einmal echte Zweisamkeit! In den letzten zwei Jahren haben wir zeitweise mit meinen Schwiegereltern zusammengelebt und selbst jetzt, wo wir eine eigene Wohnung mieten, schlagen sie beinahe täglich bei uns auf. Primär, um sich zu erkundigen, wie fortgeschritten unsere Pläne bezüglich des von ihnen heiß ersehnten Nachwuchses sind. Das wird ihnen unmöglich sein, wenn Liping und ich ungestört und hoffentlich ohne Handyempfang am Strand liegen und Dinge tun, die frischvermählte Ehepaare nun mal so tun. Dann geht auch ohne ihr Zutun vielleicht in nächster Zeit ihr Wunsch, Großeltern zu werden, in Erfüllung.

Noch sitzen wir aber in einem der unzähligen Wohntürme Shanghais und vor uns vieren steht jeweils eine Schüssel mit dampfendem, duftenden Klebereis. Mit den Holzstäbchen befördere ich etwas von der sautierten Aubergine und eine zartrosa Garnele in meine Schüssel.

»Die vier Kilo, die ich nach der Hochzeit zugelegt habe, gehen alle auf dein Konto, Mama«, lobe ich meine Schwiegermutter für ihre Kochkünste.

Bescheiden streicht sie sich eine Strähne aus der Stirn und lächelt zufrieden.

»Greif zu, wenn's dir schmeckt.«

Das scheint der richtige Zeitpunkt zu sein, um mit meiner Überraschung herauszurücken. Mit dem linken Zeigefingerrücken reibe ich mir drei Mal über die Nase, krame aus meiner Jackentasche die Reisebestätigung hervor und halte diese meinem suppeschlürfenden Schwiegervater hin.

»Schau mal, das ist für euch!«

Er lässt seinen Blick auf das Papier fallen, auf dem groß in gelben chinesischen Zeichen mit roter Umrandung steht: »Die Jodel-Troubadoure – Eine musikalische Reise durch Europa.« Troubadour. Wo der Reiseveranstalter dieses Wort wohl ausgegraben hat? Wahrscheinlich ein *Asterix*-Fan. Wie dem auch sei, es ist *die* perfekte Reisegruppe.

Mein Schwiegervater, den seine Freunde alle nur respektvoll Alter Zhu nennen, singt für sein Leben gern. Überhaupt singen fast alle Chinesen gern. Wenn man durch die Straßen Shanghais flaniert, ist es keine Seltenheit, dass ein Essensbote, den neuesten Gassenhauer schmetternd, gebratene Nudeln und Milchtee ausliefert. Und niemand außer Ausländern wie mir würde ihn auch nur eines Blickes würdigen. Denn wenn er Liebeskummer hat, dann muss es eben raus. Liebeskummer und Herzschmerz – darum geht es sowieso in 99 Prozent aller chinesischen Lieder. Ich denke da nur an die bekannten Schmonzetten »Der Fremde, der mir so nah ist« oder »Das Mädchen mit den Flügeln«. Der Herzschmerz ist hier wahrscheinlich deshalb eine verbreitete Krankheit, weil man viele Ehen in China im weitesten Sinne noch als arrangiert bezeichnen kann. Auch wenn es in den meisten Fällen nicht mehr so ist, dass das Brautpaar sich am Hochzeitstag zum ersten Mal sieht, so spielen Gefühle doch häufig eine untergeordnete Rolle. Oft werden junge Leute einander von älteren Verwandten vorgestellt, weil man »ja so gut zueinanderpasst«. Die Kriterien hierbei sind meist Immobilienbesitz, Einkommen und Alter. In genau dieser Reihenfolge. Und dann wacht man plötzlich jeden Morgen nicht neben dem Mädchen mit den Flügeln auf, sondern neben der Fremden, die einem so nah ist.

In dieser Hinsicht bilden meine Schwiegereltern eine Ausnahme. Sie waren Klassenkameraden in der Grundschule und dazu auch noch Tischnachbarn. Das lag nicht daran, dass sie sich von Anfang an sonderlich sympathisch waren, sondern daran, dass meine Schwiegermutter die Klassenbeste war und mein Schwiegervater im Englischunterricht nicht einmal ein E von einem F unterscheiden konnte und die rote Laterne der Klasse jahrelang gepachtet hatte. Die Klassenlehrerin dachte, es wäre eine gute Idee, den *Kleinen Zhu* neben die *Kleine Wang* zu setzen, damit er sich von der fleißigen Schülerin inspirieren ließe. Doch der Kleine Zhu interessierte sich nicht im Geringsten für englische Vokabeln und Grammatik, sondern verbrachte seine Zeit lieber damit, die roten Haarbänder seiner strebsamen Tischnachbarin in das Tintenfass zu tunken und mittags ihren *Mantou*, das gedämpfte Weizenbrot, zu stehlen. Das ist wahrscheinlich auch der Grund, warum die Englischkenntnisse meiner Schwiegermutter sich über die Jahrzehnte auf den Satz *We study English for the revolution* reduziert haben. Mittlerweile wird sie nicht mehr *Kleine Wang*, sondern aufgrund ihrer Tätigkeit als Fahrschullehrerin *Lehrerin Wang* genannt, oft auch von uns Familienmitgliedern. Trotz oder vielleicht gerade wegen des ganzen jungenhaften Schabernacks hatte sie sich als Jugendliche den Avancen des jungen Zhu ergeben. Dieser trug mittlerweile eine adrette Polizeiuniform und mit Anfang 20 heirateten die beiden. Auch auf Hochzeiten in China wird viel gesungen – damals wie heute. Alle paar Monate holt der Alte Zhu die altmodische VHS-Kassette aus der Schublade und schaut sich an, wie er im schicken Anzug das Lied »Der weinende Ozean« (»Der Abschiedsschmerz ist so tief wie der Meeresboden«) zum Besten gibt. Für meinen Geschmack schaut er dabei auffällig oft zur Brautjungfer neben ihm, aber diese Beobachtung habe ich noch nie laut ausgesprochen.

Das ist nun mittlerweile mehr als 30 Jahre her und ich bin mir sicher, dass eine musikalische Reise durch Europa die ideale Abwechslung zum Shanghaier Alltagstrott für die beiden ist. Währenddessen werden Liping und ich uns in Griechenland die Sonne auf den Bauch scheinen lassen. Mir kribbelt es schon auf der Haut, wenn ich daran denke, wie nach den stressigen Monaten voller Hochzeitsvorbereitungen gutes Wetter, frische Meeresfrüchte und eine fantastische Landschaft auf Liping und mich warten.

»Hier ist die Buchungsbestätigung. Ich habe alles schon erledigt. Nach unserer Hochzeit werdet ihr am Kölner Hauptbahnhof abgeholt und könnt eine Woche lang Europa genießen.«

Mein Schwiegervater schaut mich fragend an. Als ich in die Runde blicke, sehe ich, dass Liping und ihre Mutter das gleiche Gesicht aufgesetzt haben. Das geschäftige Klappern der Porzellanlöffel und Holzstäbchen ist verstummt und ich stehe wie so oft im Mittelpunkt der Aufmerksamkeit. Ich laufe leicht rot an und frage mich, was ich wohl schon wieder falsch gemacht habe. Von klein auf war das eine meiner größten Ängste: etwas falsch zu machen und damit andere Leuten vor den Kopf zu stoßen. Und ausgerechnet ich bin in einer deutsch-chinesischen Familie gelandet. Hier reiht sich ein badewannengroßes Fettnäpfchen hinter das andere und ich versuche auf Stelzen unbeschadet drum herum zu manövrieren. Abgesehen davon gibt es noch zwei Kräfte, denen ich mich nicht gewachsen fühle. Zum einen ist da mein chinesischer Schwiegervater. Ich bin ein so ganz anderer Schwiegersohn als Lipings Vater es sich erhofft hat. Ich bemühe mich, ihm dennoch irgendwie zu gefallen, ohne mich komplett zu verbiegen. Und dann sind da die wöchentlichen Anrufe meiner eigenen Mutter, in denen ich sie regelmäßig beschwichtigen muss, dass ich immer noch ihr liebster jüngster Sohn bin und sie im fernen China ganz bestimmt nicht vergessen habe. Dabei hat sie noch fünf andere Kinder, die alle im Umkreis von 5 Kilometern von ihr leben. Für meine Mutter bin ich der ins Ausland weggelaufene verlorene Sohn und für Lipings Vater ein aus dem Ausland dahergelaufener Schwiegersohn.

»Was meinst du damit, dass meine Eltern am Bahnhof abgeholt werden? Was ist denn mit uns?«

»Na, wir fahren in die Flitterwochen.«

Liping studiert eingehend das Papier in ihrer Hand.

»Ja, schon klar. Aber hier auf der Buchungsbestätigung stehen nur die Namen meiner Eltern.«

Jetzt juckt mir nicht nur die Nase, sondern auch die gesamte Kopfhaut. Ich unterdrücke ein Kratzen und versuche, Zeit zum Nachdenken zu gewinnen. Langsam bewege ich meine Essstäbchen in Richtung Garnelen, wähle eine besonders große aus und beginne, bedächtig auf ihr herumzukauen. Das ist wieder so ein Moment in unserer deutsch-chinesischen Ehe, in dem wir für den Betrachter zwar barrierefrei miteinander kommunizieren, ich aber das Gefühl habe, dass meine Frau einem Rind etwas auf der Harfe vorspielt, wie die Chinesen so schön sagen. In diesem Fall bin ich das Rind. Was sollen die komischen Fragen? Liping steht auf und winkt mich ins Wohnzimmer. Ich folge ihr, während meine Schwiegereltern sich wieder schlürfend ihrer Schweinshaut-Wintermelonen-Suppe widmen.

»Du hast also eine Reise für meine Eltern gebucht. Und was machen wir?«

»Wir fliegen nach Griechenland.«

»Aber wieso denn? Wenn meine Eltern eine Europareise machen, dann fahren wir doch mit? Das ist doch viel praktischer und außerdem viel interessanter. Zu zweit werden wir uns zu Tode langweilen.«

Sie sagt es mit so einer Selbstverständlichkeit, dass sogar ich einen Moment lang an dem Konzept »Flitterwochen zu zweit« zu zweifeln beginne. Vor wenigen Minuten hatte ich mir noch ausgemalt, wie wir gemeinsam im gemütlichen Hotelbett ausschlafen, am Nachmittag ins kühle Nass der Ägäis springen und am Abend bei romantischem Kerzenschein gefüllte Calamares gepaart mit einem leichten kretischen Weißwein verspeisen. Abgeschlossen wird der Tag mit einem langen Abendspaziergang in der lauwarmen Meeresbrise. Bei den Worten meiner Frau hat sich das Hotelbett plötzlich in eine harte Pritsche verwandelt, das griechische Essen schmeckt sehr fad und ich stelle mir vor, wie wir gemeinsam durch die staubigen Straßen Santorinis trotten und uns nach wenigen Monaten Eheglück kein Wort mehr zu sagen haben. Doch sofort reiße ich mich zusammen und protestiere. So etwas ist mir noch nie zu Ohren gekommen. Ich will die Hochzeitsreise mit meiner Frau verbringen und damit basta!

»Aber Flitterwochen sind für Paare gedacht, da nimmt man die Eltern nicht mit.«

Oft hören sich Argumente im Kopf viel überzeugender an, als wenn sie tatsächlich ausgesprochen werden.

»Ja, in Deutschland vielleicht. Aber in China heiratest du nicht nur die Frau, sondern die Familie gleich mit.«

Das ist leider nichts Neues für mich, selbst nach der Hochzeit mischen die Eltern im Familienleben ihrer Kinder und Schwiegerkinder hier mächtig mit. Viele chinesische Bräuche habe ich kennen- und lieben gelernt – diesen sehe ich allerdings recht kritisch. Der Gang der Natur ist, dass die Vögel irgendwann aus dem Nest geschmissen werden und lernen, selber zu fliegen. Auch wenn wir Menschen uns meist 18 Jahre Zeit mit dem Flüggewerden lassen, muss es irgendwann doch so weit sein. Das führt zwar dazu, dass es in Deutschland gefühlt mehr einsame alte Menschen als in China gibt. Wir hören oft von deutschen Bekannten und Freunden, dass die Kinder mittlerweile nicht mal mehr Zeit haben, an Weihnachten vorbeizuschauen. Aber man muss ja nicht gleich in Extreme verfallen. Man kann getrennt voneinander leben und sich trotzdem gut verstehen und häufig treffen. Liping und ich leben zumindest in einer eigenen Wohnung. Auch im Shanghai des 21. Jahrhunderts haben wir viele Freunde, die sich mit den Eltern (meist des Mannes) eine Wohnung teilen. Das hat natürlich den Vorteil, dass, wenn Nachwuchs ansteht, die Großeltern den frischgebackenen Eltern kräftig unter die Arme greifen können. Wenn das Kind nach drei Monaten abgestillt ist, geht die Mama meist wieder arbeiten, weil sonst ihr Arbeitsplatz nicht mehr sicher wäre. Die meisten Familien können aufgrund der hohen Lebenshaltungskosten in Chinas Großstädten nicht auf ein Gehalt verzichten. Für all das habe ich vollstes Verständnis, aber bei dem Konzept Flitterwochen hänge ich an meiner westlichen, in den Augen meiner chinesischen Frau recht egoistischen Sichtweise. Ich sehe meine

Hochzeitsreise mit dem Schwiegervater vor dem inneren Auge wie einen Film ablaufen. Allerdings stehe ich eigentlich nicht auf Horrorfilme. Leider ist meine Frau mir im Debattieren auf Chinesisch naturgemäß meilenweit voraus und verkündet:

»Ganz davon abgesehen kannst du doch meine armen, alten Eltern nicht alleine mit Wildfremden in eine Reisegruppe stecken. Was ist, wenn das verdeckte Menschenschlepper sind? Bei euch in Europa weiß man nie. Was man so alles in den Nachrichten sieht ...«

Das ist ein Totschlagargument. Ich will nicht dafür verantwortlich sein, dass meine Schwiegereltern von Schlepperbanden nach Osteuropa entführt werden, um dort unter sklavenähnlichen Bedingungen bis an ihr Lebensende Spreewaldgurken in Gläser einzulegen. Erschreckt ertappe ich mich bei dem Gedanken, dass ein Urlaub mit meinen Schwiegereltern vielleicht sogar lustig und interessant werden könnte.

»Na gut. Dann halt Flitterwochen mit Schwiegereltern.«

Irgendwie kann ich selber nicht fassen, was ich da gerade gesagt habe. Aber da mein Chinesisch inzwischen so fließend ist, dass ich nicht mehr vor dem Sprechen überlegen muss, ist es nun mal so rausgerutscht. Als unverbesserlicher Optimist versuche ich, das Positive dabei zu sehen. So eine gemeinsame Reise ist eine gute Gelegenheit, dem Alten Zhu und Lehrerin Wang meine deutsche Heimat etwas näherzubringen und natürlich auch meine Familie vorzustellen. Das könnte, vor allen Dingen für meinen Schwiegervater, eine gute Lektion in Sachen Toleranz werden.

»Und du bist Chauffeur, damit das klar ist.«

Spielerisch kneift mir Liping in die Wange. Sie weiß genau, dass ich ihr keinen Wunsch abschlagen kann. Ich seufze und blicke in Richtung Esszimmer, wo ihr Vater sich mittlerweile eine Zigarette angezündet hat und genüsslich den Rauch in unsere Richtung pustet. Wahrscheinlich freut er sich schon sehr auf unsere gemeinsamen Flitterwochen.

***

Nachdem ich schweren Herzens die Dame im Reisebüro aufgesucht und die Tour meiner Schwiegereltern storniert habe, mache ich mich an die Reiseplanung. Die erste Woche wird ganz im Zeichen unserer deutschen Hochzeit stehen. Nachdem wir standesamtlich sowie mit einer traditionellen Zeremonie in China geheiratet haben, ist es nun an der Zeit, dass meine gesamte deutsche Familie Zeuge unserer deutsch-chinesischen Vermählung wird. Die traditionelle chinesische Feierlichkeit mit Fruchtbarkeitstränken, zentnerschweren Kostümen und unzähligen Verbeugungen in alle Himmelsrichtungen war zwar super interessant, aber auch extrem anstrengend. Ich freue mich sehr auf eine einfache Hochzeit im familiären Rahmen in der schönen weißen Kirche in Marienheide. Und im Gegensatz zu den unzähligen verschiedenen Outfits hier wird *ein* Hochzeitsanzug bzw. Brautkleid es auch tun.

Die komplette Organisation der deutschen Hochzeit bleibt natürlich an mir oder eben an meinem verlängerten Arm in Deutschland, sprich: meinen Eltern, hängen. Um noch präziser zu sein: an meiner Mutter. Denn mein Vater hat nur die Aufgabe, für den Lebensunterhalt der Familie zu sorgen, alles andere, von Kindererziehung über Behördenkram bis zur Haushaltskassenverwaltung, ist dem Regime meiner Mutter unterstellt.

»Wollt ihr nicht doch ein bisschen früher heiraten? Wir können es alle gar nicht erwarten.«

Die Hochzeitsvorbereitungen sind eine gute Ausrede für meine Mutter, nicht nur einmal die Woche, sondern alle zwei Tage anzurufen. Und da es wichtig sein könnte, kann ich die Anrufe leider nicht ignorieren. Sie freut sich ganz offensichtlich riesig darauf, auch ihren jüngsten Sohn unter die Haube zu bringen.

»Der Pfarrer ist im Mai sehr beschäftigt, da sind einige Taufen und zwei andere Hochzeiten.«

Wenn es nach ihr ginge, sollten wir wohl am besten schon am nächsten Wochenende den Gang zum Altar antreten.

Ich höre, dass sie die Zeit am Telefon nutzt, um gleichzeitig die Wohnung zu staubsaugen. Eventuell hat sie sogar den Hörer zwischen Schulter und Ohrmuschel geklemmt, um mit der anderen Hand noch die Suppe auf dem Herd umzurühren oder die Hosenbeine von Vaters neuer Sonntagshose zu kürzen.

»Nein, Mama, wir heiraten im Mai. Und wenn der Pfarrer nicht kann, dann nehmen wir halt einen anderen, genug haben wir ja bei uns auf dem Land.«

Das Staubsaugergeräusch verstummt und es wird so leise, dass ich kurz überlege, ob die Leitung komplett zusammengebrochen ist. Doch da höre ich schon ein sehr geräuschvolles Räuspern am andern Ende.

»Du hörst mir jetzt mal gut zu, mein Jung.« Dieser Satz ist mir aus meiner Kindheit nur allzu geläufig. »Pfarrer Odenthal ist ein ehrenwerter Mann. Er hat euch alle – alle! – getauft und alle deine Geschwister getraut. Denk ja nicht daran! Womöglich soll euch der Pfarrer Wirth aus Engelskirchen trauen, oder was? Der kommt aus Hessen! Bei seiner letzten Traupredigt habe ich nur die Hälfte -«

»Ja, Mama, die Leitung ist schlecht. Ich rufe die Tage nochmal an.«

Es gibt tatsächlich Leute, die fünf oder sechs Mal heiraten. Mir wächst jetzt schon alles über den Kopf, dabei heirate ich beide Male dieselbe Frau. Da klingelt das Telefon schon wieder.

»Ja?«

»Ach, siehst du, die Leitung ist wieder ausgezeichnet.« Hätte ich doch nur den Starrsinn meiner Mutter geerbt. »Wir müssen noch so vieles besprechen. Die Hochzeit muss perfekt werden. Ich habe den Nachbarn die Bilder von eurer chinesischen Hochzeit gezeigt und die fanden das alle sehr komisch. So viel Rot und Gold, und die vielen Menschen und das Essen erst!« Egal, was die deutschen Nachbarn meiner Eltern sagen, unsere chinesische Hochzeit war fantastisch. »Und was hältst du davon, wenn die Cäcilie an einem Tisch mit der Familie Kramer sitzt?« Das ist mir in etwa so egal, wie wenn in den Vereinigten Staaten ein Sack Hamburgerbuletten umfällt. »Die verstehen sich zwar nicht so wahnsinnig gut seit der Sache mit ihrem Pudel Marilyn. Davon hatte ich dir doch erzählt, oder?«

Nein.

»Ja.«

»Aber die Cäcilie versteht sich ja auch mit niemandem so richtig.«

»Mama, entscheide das doch einfach alleine. Solange ich am Brauttisch neben Liping sitze, ist mir alles andere egal.«

Auch wenn sie einen Moment lang nichts sagt, höre ich, wie sie sich klammheimlich über die gewonnene Freiheit freut.

»Und wir haben im Kaufhaus in Gummersbach einen Geschenketisch reserviert.«

»Aber wir haben doch schon alles hier in China, Mama. Wir werden keine Toaster und Bügeleisen im Koffer hierherschleppen.«

»Nun, ewig werdet ihr ja nicht da bleiben. Ihr könnt die Sachen bei uns zwischenlagern und wenn ihr endl…, also, äh, ich meine, wenn ihr irgendwann mal nach Deutschland zieht, dann habt ihr bereits alles hier.«

Ob ihre Hoffnung, ihren jüngsten Sohn möglichst bald wieder in ihrer Nähe zu haben, so schnell in Erfüllung geht, weiß ich nicht.

»Hast du denn einen ordentlichen Anzug? Im Schrank hängt noch der von Opas Beerdigung. Denn kann ich noch mal aufbürsten.«

»Nein, Mama, darum hat sich Liping schon gekümmert.«

Tatsächlich hängen das Brautkleid und mein Hochzeitsanzug schon seit einiger Zeit reisefertig eingepackt im Kleiderschrank.

»Zweieinhalbtausend Euro? Und ohne Verhandlungsbasis? Ihr Deutschen lasst euch wirklich gerne über den Tisch ziehen.« Liping hatte es nicht glauben können, als meine Schwester Olga ihr am Telefon mitteilte, was in Deutschland für Hochzeitskleider verlangt wird. »Danke für die Info, Olga.«

Im Gegensatz zu mir und meinen Interkontinentalgesprächen verschwendete Liping keine Sekunde mit unnötiger Kommunikation. Ohne sich zu verabschieden legte sie auf und keine zwei Minuten später saßen wir im Taxi zum Shanghaier Perlen-Center, in dem Schneider, Juweliere und andere Händler ansässig sind.

»Ja, wir liefern maßgeschneiderte Hochzeitskleider und -anzüge in alle Welt«, bestätigte der Schneider unseres Vertrauens mit dem selbst gewählten mondänen Namen Tony Lee.

Er stand in seinem etwa zehn Quadratmeter großen Ladengeschäft, umgeben von Hemden, Hosen, Stoffresten und allen möglichen Ausstellungsstücken. Mit einer Nähnadel zwischen den Lippen und einem Maßband, das er sich wie eine Krawatte um den Hals gebunden hatte, klärte er uns über die Geschäftspraktiken seiner Branche auf.

»Die Deutschen nehmen Maß vor Ort, schicken uns die Daten, wir fertigen das Brautkleid an und schicken es dann nach Deutschland. Dort hängen die Läden eine Null an den Euro-Einkaufspreis hinten dran und alle sind zufrieden.«

Ich blickte auf den Preis. Etwa 150 Euro für meinen Anzug und 250 Euro für das Kleid. In Deutschland würde ich für den Preis nicht einmal einen Dreiteiler von der Stange im Kaufhaus bekommen, geschweige denn einen gut sitzenden Anzug für meinen fülligen Körper. Während Tony das Maßband über meinen Bauch spannte, warf ich einen Blick auf meine Braut. Lipings Kleid war ein Traum. Sie hatte sich ein cremefarbenes Modell ausgesucht, das in seiner Gesamtheit sehr schlicht gehalten war, aber einige romantisch verspielte Details hatte. Es war lang und ausladend und selbst das Ansichtsmodell saß schon fast makellos. Es betonte sehr deutlich ihre weiblichen Rundungen und schloss am Hals mit einem feinen gewellten Kranz ab. Der Kragen ging nahtlos in zwei kurze Satinärmel über, die dezent die Schultern bedeckten. Wenn sie am Tag der Hochzeit noch die Turnschuhe gegen ein weißes Paar Brautschuhe und die Plastikperlen gegen ein Echtperlen-Collier eintauschen würde, wäre sie wochenlang Gesprächsthema bei uns im Dorf. Zufrieden war ich auch darüber, dass Lipings Geschäftssinn uns mehrere Tausend Euro an Ausgaben erspart hatte.

In zwei Monaten gehen also mein Anzug und Lipings Brautkleid mit uns und ihren Eltern auf große Reise nach Europa.

Ich mache mir Gedanken, wie es meinen Schwiegereltern in Marienheide gefallen wird. Die Einwohner Marienheides würden allesamt in einen Wohnblock Shanghais passen und außer zwei Talsperren, vielen Wäldern und Wiesen sowie einer Handvoll Kühe und Schafe haben wir nicht viel zu bieten. Aber so ist das Leben: Gerade die Gegenpole machen es interessant. Metropole und Dorf, laut und ruhig, beengt und weitläufig oder eben Yin und Yang.

***

»Ich habe mich informiert«, schallt es aus dem Hörer meines Handys.

Wenn es in diesen Tagen klingelt, dann kann es nur entweder meine Mutter oder der Alte Zhu sein. In Deutschland ist es noch mitten in der Nacht, also ist es letzterer. Mein Schwiegervater scheint sich, wie so oft, seiner Sache sehr sicher zu sein. Ich halte das gelbe Leihfahrrad am Straßenrand an, und während die leisen Elektroroller und dreirädrigen motorisierten Rikschas voll beladen mit Stapeln von Altpapier und Kartons an mir vorbeirauschen, erklärt der Alte Zhu, worüber er sich informiert hat.

»Ich weiß jetzt alles über Deutschland.«

Na, das kann ja heiter werden. Wenn er sich über etwas »informiert«, dann gibt es normalerweise zwei Quellen: das Fernsehen oder einer seiner Freunde. Ich tippe auf Ersteres. Eines der größten Hobbys meines Schwiegervaters ist es, Zigarette rauchend und Tee trinkend auf den harten Rosenholzstühlen im Wohnzimmer zu sitzen und die Verkaufsshows des lokalen Shoppingsenders Östliche Morgenröte zu verfolgen. Durch die Rauchschwaden hindurch schaut er, wie die aufgedrehten Moderatoren in ihren bunten Kostümen Massagesessel, Diätpillen und Kloschüsseln verkaufen. Immer wenn es um Kochutensilien und Küchengeräte geht, sind die angepriesenen

Marken mit sehr hoher Wahrscheinlichkeit »aus Deutschland«. Da gibt es Messer, die »nach der hohen Kunst germanischer Schmiedearbeit gefertigt wurden« und Kochtöpfe einer »jahrhundertalten deutschen Marke«! Das ist etwas, was die meisten Chinesen gerne hören und besitzen. Auch wenn es sich dabei meist tatsächlich um deutsche Marken handelt, sind diese im Allgemeinen in Deutschland völlig unbekannt. Oft sind es Marken von kleinen Hinterhofwerkstätten, die in Deutschland kurz vor der Insolvenz standen und von einem findigen chinesischen Geschäftsmann für einen Spottpreis aufgekauft wurden. Dieser hat nun die Rechte an einer deutschen Marke und lässt unter deren Namen Woks, Schnellkochtöpfe und Messerblocks günstig in China produzieren. Dann verkauft er diese unter deutscher Flagge an seine Landsleute. Wenn »dieses 12-teilige Kochtopfset für 588,- statt für 5888,- RMB« angeboten wird und (»ich muss verrückt sein«) man eine Heizdecke gratis dazubekommt, dann wird nicht nur mein Schwiegervater schwach, sondern Zigtausende Rentner Shanghais ebenfalls. Diese »ausländischen Produkte« werden oft begleitet von einer zwei- bis dreiminütigen »Doku« mit viel Halbwissen über das vermeintliche Herkunftsland. Unter Garantie gibt es Aufnahmen vom Schloss Neuschwanstein aus der Vogelperspektive.

»Im Fernsehen haben sie gesagt …« – Bingo! – »dass die deutsche Geschichte allerhöchstens 1000 Jahre zurückreicht. Das ist ein Witz! Also, in Deutschland möchte ich so wenig Zeit wie möglich verbringen, da gibt es ja wohl nichts zu sehen. Im Vergleich zu unserer großartigen 5000-jährigen chinesischen Geschichte habt ihr kein bisschen Kultur …«

Trotz des Verkehrslärms auf der viel befahrenen Straße im Zentrum Shanghais halte ich das Handy ein bisschen weiter weg von meiner Ohrmuschel. Denn den Vortrag, der jetzt kommt, habe ich schon oft gehört. Nicht nur von meinem Schwiegervater, sondern auch von Taxifahrern, Arbeitskollegen und Sitznachbarn im Zug. Der Ausdruck »die 5000-jährige chinesische Geschichte« ist in aller Munde und Herzen.

»... und deswegen sollten wir lieber mehr Zeit in Italien und in ein paar anderen Ländern mit Hochkultur verbringen.«

Auch wenn ich gerade nicht radele, steht mir der Schweiß auf der Stirn. Wir haben nach der Hochzeit ungefähr sieben Tage Zeit für unsere Europareise. Eigentlich möchte ich die komplett in Deutschland verbringen. Doch wie die meisten Chinesen, die den zehnstündigen Flug nach Europa auf sich nehmen, will meine chinesische Familie anscheinend in kürzester Zeit vor so vielen europäischen Sehenswürdigkeiten wie möglich Fotos machen, um dann, zurück in Shanghai, mächtig damit zu prahlen. Ich halte das Handy ans andere Ohr und schaue zu, wie die Ampel an der Kreuzung vor mir zum mittlerweile siebten Mal von Rot auf Grün springt.

»Ich muss wieder los, Papa. Ich habe mich mit meiner Mama zum Skypen verabredet.«

Ohne große Verabschiedungsworte, wie es hier bei Telefonaten üblich ist, lege ich auf und radele weiter Richtung Wohnkomplex.

»Und wir haben ja noch den Aussichtsturm und die vielen Talsperren, außerdem die Tropfsteinhöhle! Die Zeit hier bei uns wird wie im Flug für deine chinesische Familie vergehen.«

In der letzten Woche sind wir von normalen Anrufen auf Videotelefonie umgestiegen, da meine Mutter mir so viel besser die Farbe der Servietten zeigen kann, die es in die engere Auswahl geschafft haben. *Die Internetverbindung des*

Gesprächspartners ist nicht stabil, teilt mir die Telefon-App mit. Selbst deutsches WLAN auf dem Land kann nicht mit dem mobilen chinesischen Internet mithalten. Ich nutze die wackelige Verbindung und schweige, um ein bisschen Bedenkzeit rauszuschlagen. Als meine deutschen Eltern für unsere Hochzeit extra nach China gereist sind, haben meine Schwiegereltern sie durch halb Shanghai geschleppt und alles sehen und schmecken lassen, was die Metropole so zu bieten hat. Und das ist eine Menge. In Marienheide gibt es außer den genannten Talsperren, Hügeln und Höhlen wenig, was Großstadtchinesen länger als 48 Stunden in den Bann ziehen kann. Ich bin der festen Überzeugung, dass genau zwei Tage Tannenwälder, Stalaktiten und Seen genug Fotomaterial fürs Erste bieten.

»Ja klar. Die freuen sich riesig. Ich habe bereits einen Plan, was wir alles machen.« Ich räuspere mich kurz. »Und mein Schwiegervater will, wenn wir schon den weiten Weg auf uns nehmen, noch ein bisschen was von Europa sehen«, sage ich ganz beiläufig.

Das Bild meiner Mutter verschwindet kurz, um dann umso verpixelter wiederaufzutauchen.

»Ach so? Ich dachte, ihr seid sowieso schon im Stress, wenn ihr hier seid, wegen der Hochzeit und allem. Und deine Geschwister, Tante Änni und die Margarete von Hausnummer 13 wollen euch alle zum Essen einladen. Aber zwei, drei Tage Zeit für eine Kurzreise habt ihr bestimmt.«

Na, wenn sich meine Mutter da nicht gewaltig täuschen sollte. Bisher hat ja nur der Alte Zhu seine Reisewünsche angemeldet, meine Frau und meine Schwiegermutter haben mich diesbezüglich noch nicht informiert. Und als hätte sie telepathische Fähigkeiten, sehe ich auf meinem Handybildschirm einen eingehenden Anruf von Lehrerin Wang.

»Sämtlichen Nachbarn und Tanten kannst du schon mal absagen, Mama. Wir haben wahrscheinlich nicht einmal Zeit, alle Geschwister zu besuchen.«

»Aber das könnt ihr doch nicht ...«

»So, ich muss jetzt auch wieder. Schöne Grüße an Papa.« Ich verabschiede mich schnell von meiner Mutter und mit einen kurzen Seufzer nehme ich den Anruf meiner Schwiegermutter entgegen.

»Thomas, ich habe eine Liste gemacht, wo ich unbedingt überall hinwill.« Ohne auch nur eine Sekunde Zeit zu verschwenden, kommt Lehrerin Wang direkt zum Punkt. »In Deutschland müssen wir unbedingt nach Mei-Qing-Gen und Ying-Ge-Er-Shi-Ta-Te, in Holland nach Lu-Er-Meng-De und in der Schweiz nach Yin-Te-La-Ken, da sind die Uhren besonders günstig.«

Ich betrachte mein undeutliches Spiegelbild im gegenüberliegenden Schaufenster und richte mich auf dem Fahrradsitz ein wenig auf. Was hat meine Schweigermutter da gerade gesagt, wo will sie hin? Ich habe inzwischen keine Verständnisprobleme im chinesischen Alltag mehr, habe aber dennoch keinen blassen Schimmer, was sie da gerade gesagt hat. Das Übersetzen ausländischer Eigennamen ins Chinesische bringt so einige Schwierigkeiten mit sich. In der chinesischen Sprache gibt es nur eine festgelegte Anzahl an Lauten, man kann also nicht, wie im Deutschen, Buchstaben beliebig kombinieren, um neue Worte zu erschaffen. Man muss sich der vorhandenen Lauten bedienen. So wird aus Köln zum Beispiel *Ke-Long*, das sind die beiden Laute, die für chinesische Ohren am besten die Aussprache der Domstadt imitieren. Und tatsächlich erinnert *Ke-Long* sehr an das englische *Cologne*. Auch *Ba-Li* (Paris) *Luo-Ma* (Rom) und *Bo-Lin* (Berlin) kenne ich. Aber was bitte soll Ying-Ge-Er-Shi-Ta-Te sein?

***

»Ingolstadt, du Esel! Das musst du doch kennen.« Verschwitzt stürme ich durch die Wohnungstür und überfalle Liping, die auf dem Sofa sitzt und gerade eine säuberliche Gepäckliste für unsere Europareise auf ihrem Laptop erstellt. Sie klappt das Gerät zusammen und kneift mir liebevoll in die Wange. Mich machen die Kommunikationsschwierigkeiten mit meinen Schwiegereltern immer furchtbar nervös, aber Liping nimmt das mit Humor. Sie reicht mir vom Couchtisch ihr Glas mit lauwarmen Wasser.

»Wie lange lernst du jetzt Chinesisch? Fünf Jahre? Solche Vokabeln hast du doch bestimmt im ersten Semester schon gelernt.«

Ich nippe am Wasser und versuche krampfhaft eine Ähnlichkeit zwischen den Wörtern »Ingolstadt« und »Ying-Ge-Er-Shi-Ta-Te« herzustellen.

»Okay, Ingolstadt also. Aber was bitte will deine Mutter da?«

»Das kannst du dir nicht denken?«, fragt Liping verschmitzt. »Dann finde es heraus!«

Es scheint also Allgemeinwissen zu sein, dass chinesische Europareisende Ingolstadt, Metzingen (*Mei-Qing-Gen*) und das niederländische Roermond (*Lu-Er-Meng-De*) ganz oben auf ihrer Wunschliste haben.

Ich hätte eher auf München, Heidelberg und Amsterdam getippt. Als gebürtiger Rheinländer habe ich zwar von Ingolstadt gehört, kann mir aber beim besten Willen nicht vorstellen, was es dort zu sehen gibt. Ich krame mein Smartphone aus der Tasche und tippe auf den Bildschirm. Eine kurze Internetrecherche ergibt, dass die wichtigsten Sehenswürdigkeiten das Medizinhistorische Museum und das Bayerische

Armeemuseum sind. Ich kratze mich am Hinterkopf. Ich weiß zwar, dass meine Schwiegermutter sich sehr um ihre Gesundheit sorgt und jeden Tag die von uns aus dem deutschen Drogeriemarkt mitgebrachten Fischölkapseln und Knoblauchtabletten schluckt, aber was sie an der ingolstädtischen Medizinhistorie interessiert, ist mir schleierhaft.

»Na klar«, fällt es mir auf einmal wie Schuppen von den Augen, »das Audi-Museum!«

Mein Schwiegervater ist wie fast alle Chinesen ein Liebhaber deutscher Automobile und fährt selber einen Audi 8L. Das »L« steht für »Long«, diese Ausführung gibt es nur in China. Die normalen Modelle sind für die meisten chinesischen Männer zu klein, weswegen viele Autobauer besonders große, breite und lange Modelle extra für den chinesischen Markt bauen. Wenn man sich einen Neuwagen leistet, dann muss es einer sein, den man vorzeigen kann. Schließlich kauft man ihn ja nicht in erster Linie, um von A nach B zu kommen, sondern um ihn online und offline Nachbarn, Freunden und Verwandten zu präsentieren. Meistens den Leuten, die man nicht einmal mag.

Dieser Drang, andere Leute mit Autos, Uhren und anderen Luxusartikeln zu beeindrucken, ist in China stark ausgeprägt. »Weißt du noch damals? Als der Kleine Hu in der Schule gesagt hat, dass seine Eltern ihm verboten hätten, mit dir zu spielen, weil wir zu arm seien? Mit Leuten, die sich nur ein Mal pro Woche Fleisch leisten könnten, wollten sie nichts zu tun haben.« Jedes Mal, wenn er Liping an diese vergangene Episode ihrer Kindheit erinnert, sehe ich, wie die zwei Pulsadern des Alten Zhu oberhalb des rechten Auges anschwellen und er nach Jahrzehnten immer noch ob dieser Ungerechtigkeit gegenüber seiner einzigen Tochter innerlich anfängt zu kochen. »Aber als ich dann der Erste in unserer Nachbarschaft war, der sich ein Auto leisten konnte, ja, dann habe ich dir verboten, mit dem Kleinen Hu zu spielen. Da haben die nicht schlecht gestaunt.« Der bereits in die Jahre gekommene silbergraue Ford Mondeo steht in der Tiefgarage unter der schwiegerelterlichen Wohnung, hat aber das meiste seines anfänglichen Glanzes verloren. Außerdem ist er mittlerweile weit unter der Würde des Alten Zhu, weswegen ihn nur meine Schwiegermutter ab und zu fährt. »Damals saß er stundenlang mit heruntergelassenem Fenster im geparkten Auto und grüßte jeden, der vorbeiging«, erinnert sie sich mit einem Lächeln im Gesicht. »Außer die Hus natürlich, die hat er nur demonstrativ angegrinst, wenn sie vorbeigingen, ohne ihn anzuschauen.« Jedes Mal lächeln die drei glücklich über dieses vermeintliche »Happy End«. Nur ich kann mich nie so richtig mitfreuen. Ich stelle es mir schrecklich vor, ein Leben lang hart zu arbeiten, um sich Dinge leisten zu können, mit denen man Leute beeindrucken möchte, die man nicht leiden kann oder sogar hasst.

»Ist man nicht viel glücklicher, wenn man an erster Stelle an sich selbst denkt und an zweiter an die Leute, die einen mögen und unterstützen?« Diese Frage stelle ich meiner Frau oft. »Wenn du das schickste Auto in ganz Shanghai fährst und die Hus grün vor Neid sind, bist du dann wirklich glücklich?« Liping seufzt an dieser Stelle meist tief auf. »Vielleicht bei euch in Deutschland. Aber hier in China gilt: ›Du bist, was du hast‹. Und daran wirst du kleiner Philosoph auch nichts ändern.« Sie lächelt mich an, aber ich schaue nur schweigend kämpferisch zurück. »Das werden wir ja sehen«, denke ich dann, »ich werde zwar nicht China verändern, aber meine chinesische Familie werde ich bestimmt in die richtige Richtung stupsen können.«

Apropos Richtung. Wie sich beim nächsten Besuch meiner Schwiegermutter herausstellt, haben unsere geplanten Besuche in Ingolstadt, Roermond und Metzingen weder etwas mit Museen noch mit sonstigen Sehenswürdigkeiten zu tun.

»So etwas interessiert doch keinen Menschen. Schau mal hier.« Lehrerin Wang hält mir ihr Handy mit der geöffneten Reiseplanungs-App vor die Nase. »Das sind die Top-3-Sehenswürdigkeiten mit den besten Bewertungen.«

Ich sehe kein Schloss, keine historische Altstadt und auch kein deutsches Naturwunder. Stattdessen etwas, das eine weitaus größere Anziehungskraft auf Chinesen hat: Outlet-Center! Diese Konsumtempel sind Pflichtprogramm für die meisten chinesischen Touristen in Europa. Aber nicht nur für die. Jünger aus Deutschland und aller Welt kommen hierhin, um den Göttern namens Armani, Gucci und Lacoste ihre Opfergaben in Form von Hunderten bunten Scheinen oder Plastikkärtchen darzubringen. Für die asiatische Kundschaft gibt es inzwischen natürlich die Möglichkeit, die QR-Codes zu scannen und direkt mobil in chinesischen Yuan ihr Erspartes gegen Designerhandtaschen und -schuhe einzutauschen. An diesen Orten verflüchtigt sich das Geld mindestens genauso schnell wie der duftende Weihrauch der Räucherstäbchen im Jade-Buddha-Tempel in unserer Shanghaier Nachbarschaft.

»Die meisten meiner Landsleute glauben nur an einen Gott: Geld«, hat mir einmal ein chinesischer Freund erzählt. Auch wenn der Religionsvergleich vielleicht ein wenig überspitzt ist, so entspricht es der Wahrheit, dass ein Teil der Mittelschichtschinesen es über alles liebt, zu konsumieren. Da Geschäfte und Shoppingcenter sieben Tage die Woche geöffnet haben, ist ein sonntäglicher Familienausflug zu Costco und IKEA das Normalste, was man sich vorstellen kann. Dass die Deutschen am Sonntag die meisten Geschäfte schließen und an den Baggersee oder ins Museum fahren, ist den Chinesen nur ein Kopfschütteln wert.

Nun soll ich also einen guten Teil meiner Flitterwochen mit meinen Schwiegereltern in diversen Mode-Outlets Europas verbringen. Bei der Vorstellung weiß ich nicht, ob ich weinen oder lachen soll. Bei dieser Reise geht es doch in erster Linie darum, dass meine deutsche Familie meine Frau und ihre Eltern etwas näher kennenlernt und diese wiederum meine Heimat und meine Familie. Andererseits weiß ich nicht, wann meine Schwiegereltern das nächste Mal nach Europa fliegen. Diese Hin- und Hergerissenheit zwischen den Kulturen und Familien ist eine echte Herausforderung für mich. Manchmal frage ich mich, ob es für mich überhaupt irgendwann ein Yin und Yang geben wird zwischen China und Deutschland, zwischen alter und neuer Familie, zwischen meinem alten und neuen Leben.

»Und die hier ist ganze 500 Euro günstiger, als wenn ich sie in Shanghai kaufen würde.« Aufgeregt beugen sich Liping und ihre Mutter über ihr Handy.

»Im Endeffekt habt ihr aber immer noch 2000 Euro *ausgegeben* und nicht 500 Euro *gespart*«, murmele ich besserwisserisch vor mich hin.

Die beiden sind offensichtlich in der Kategorie *Taschen* angekommen und haben kein Ohr für meine Frustration. Ich seufze auf. Eigentlich möchte ich einfach nur klammheimlich ein One-Way-Ticket für mich alleine nach Santorini buchen. Ach nein, da wimmelt es wahrscheinlich nur so von chinesischen Touristen.

KAPITEL 2

GESTERN SHANGHAI, HEUTE MARIENHEIDE

»Wir fahren getrennt zum Flughafen.«

Auch wenn ich meine Ansprüche an diese Flitterwochen aufs Minimum zurückgeschraubt habe, bei diesem Punkt hat meine Toleranz ein Ende. Beim Besuch meiner Eltern in China waren wir, nachdem der Alte Zhu in aller Seelenruhe Freundschaftszigaretten mit dem Pförtner und dem Tankwart geraucht hatte, und nach stundenlangem Stau auf den Shanghaier Stadtautobahnen mit solch einer Verspätung am Flughafen angelangt, dass meine immer überpünktlichen deutschen Eltern beinahe einen Herzkasper bekommen hatten. Mit einem fast hörbaren Augenrollen erzählt mir meine Mutter am Telefon, dass mein Vater bei jeder Familienfeier, bei jedem Essen mit Freunden und Bekannten diese wirklich unglaubliche Geschichte zum Besten geben muss. Mein in solcher Hinsicht sehr viel entspannterer Schwiegervater hat nun vorgeschlagen, dass wir gemeinsam in seinem Wagen zum Flughafen fahren und ihn während unserer Europareise dort parken.

»Ausgeschlossen! Liping und ich fahren alleine und damit basta!«

Am Tag des Abfluges sitzen wir zu viert mit Gepäck und Hochzeitsausstattung im Audi meines Schwiegervaters. Der Praktikabilität halber habe ich klein beigegeben. Zwei Autos durch den Shanghaier Stadtverkehr zu bugsieren und am Flughafen zu parken, ist wirklich keine gute Idee. Der Alte Zhu sitzt am Steuer und ist von einem Herzkasper mindestens so weit entfernt wie Shanghai von Marienheide. Diesem Umstand kann auch die Kombination von mehreren aufeinanderfolgenden Panda-Zigaretten und dem Schneckentempo auf der Flughafenautobahn nichts anhaben.

»Mach dir keine Sorgen, das Flugzeug fliegt schon nicht ohne uns.«

Wenn er Sätze dieser Art von sich gibt, bin ich echt neugierig, ob er den Quatsch selber glaubt oder ihm einfach nichts Besseres einfällt. Manchmal beneide ich ihn um sein überbordendes Selbstbewusstsein und die damit einhergehende Gelassenheit. Er kann sich anscheinend nicht vorstellen, dass der Pilot es wagen würde, die Rotoren anzuschmeißen, wenn Zhu Laoban, der Vorgesetzte Zhu, ehemaliger Distrikt-Polizist, Inhaber der siebtgrößten Fahrschule im Norden Shanghais und stellvertretender Schriftführer des Mah-Jongg-Clubs PENG PENG 1994, noch nicht an Bord ist.

Tower: »MU220 mit Ziel Frankfurt, Abfluggenehmigung für 12.47 Uhr erteilt. Over.«

Pilot: »Tower, der Passagier 76D ist noch nicht an Bord, laut Passagierliste ist der Nachname Zhu.«

Tower: »Das wird doch nicht der Vorgesetzte Zhu sein?! Der ehemalige Distrikt-Polizist?«

Pilot: »Ich denke schon. Ist der nicht Inhaber der siebtgrößten Fahrschule Shanghais?«

Tower: »Ja genau, und außerdem stellvertretender Schriftführer des Mah-Jongg-Clubs PENG PENG 1994.«

Pilot: »Ich bitte um Verschiebung der Starterlaubnis und vorrangige Priorität eines neuen Start-Slots.«

Tower: »Roger. Wir werden alles tun, um den Vorgesetzten Zhu pünktlich und sicher nach Deutschland zu bringen.«

Selbstbewusstsein hin oder her – zu meiner Freude stelle ich fest, dass die Tachonadel gerade die 60 überschreitet. Also gesteht sich mein Schwiegervater zumindest im Stillen ein, dass gewisse Regeln und Zeiten auch für ihn gelten.

»Papa, jetzt fahr mal echt ein bisschen schneller. Im Flughafen hat der neue Duty-Free-Bereich letzte Woche geöffnet und da müssen Mama und ich unbedingt hin«, verkündet Liping von der Rückbank, wo sie sich zusammen mit meiner

Schwiegermutter zwischen und unter zwei Koffer gezwängt hat.

Ehrlich gesagt wundert es mich, dass wir vier unsere Flitterwochen mit nur drei großen Koffern antreten.

»Ich sage mal so, auf der Rückfahrt werden wir für die Fahrt vom Flughafen wohl einen Minivan brauchen«, hat meine Frau bedeutungsschwanger orakelt, als ich unser erstaunlich überschaubares Reisegepäck inklusive Brautkleid in den schwiegerelterlichen Kofferraum hievte.

Mit einem Grummeln im Bauch denke ich an Ying-Ge-Er-Shi-Ta-Te und die anderen Orte, die dafür sorgen werden, dass unsere Koffer deutlich schwerer und unsere Portemonnaies auf der Rückreise deutlich leichter sein werden. Doch der Vergleich hinkt ein wenig, denn kaum ein Chinese bezahlt noch mit Bargeld und das haben auch die Hotspots für chinesische Europatouristen erkannt. Ich bin mir sicher, dass man an allen Lieblingsorten der chinesischen Reisegruppen deutsche Bratpfannen und italienische Designerhalstücher per Smartphone im Bruchteil einer Sekunde interkontinental und währungsübergreifend bezahlen kann. Geld stinkt nun mal nicht. Und wenn es nur noch aus Bits und Bytes besteht, ist es umso geruchsneutraler.

Sobald wir unsere acht Füße in das überdimensionale Terminal des Flughafens setzen, läuft der Alte Zhu schnellen Schrittes über den blankpolierten Marmorboden in die Richtung, in die der Pfeil mit den weißen Toilettensymbolen auf blauem Grund zeigt. Sein Ziel ist der Quell aller Gesundheit, Jugend und allen Wohlbefindens für die chinesische Gesamtbevölkerung: der Heißwasserspender. Meist steht dieser an den Toiletten und markiert somit sehr bildlich Start und Ziel des menschlichen Wasserkreislaufes. Was dem gemeinen Deutschen die Schlange beim Brötchenkauf oder in der

Eisdiele ist, das ist dem Chinesen das mehrmals tägliche Anstehen am grauen Kasten. Dieser spendet unermüdlich heißes (und für ein paar verwirrte Ausländer und lebensmüde Chinesen auch kaltes) Wasser in die mitgebrachten Thermosgläser oder in kleine kegelförmige Papierbecher. Zu Essenszeiten verwandelt er die frittierten Nudeln in den bunten Plastikschalen kombiniert mit den beiliegenden getrockneten Gewürzen in eine duftende Reise-Mahlzeit.

»Jetzt beeil dich doch mal!« Ungeduldig von einem Bein aufs andere wippend wartet mein Schwiegervater darauf, dass die Dame mit dem rosafarbenen Sonnenhut ihre ebenfalls rosafarbene Thermoskanne fertig befüllt hat.

»Hier kommt aber nur kaltes Wasser raus«, sagt diese in einem fast weinerlichen Ton.

Der Alte Zhu stöhnt genervt, drängt sich vor sie und traktiert den Knopf mit dem Schlosssymbol.

»Das ist die Kindersicherung, so, gib mal her. Ich habe nicht ewig Zeit. Ich fliege heute nämlich nach Deutschland und nicht wie du irgendwohin in die Provinz.«

Er entreißt der Dame das Trinkgefäß und füllt es bis an den Rand mit der dampfenden Flüssigkeit. Während diese mit ihren von jahrzehntelanger Arbeit zerfurchten, sonnengebräunten Händen den Schraubverschluss auf die Kanne dreht, findet sie ihr Selbstbewusstsein offensichtlich wieder.

»Auch wenn ich so aussehe, fliege ich nicht in die Provinz, sondern nach Europa. Darauf habe ich 20 Jahre lang gespart. Ich bin nämlich ein Jodel-Troubadour. Holadihido!«

Erstaunt blicke ich die resolute Dame an, die mit diesem ziemlich überzeugend vorgetragenen Jodler auf der Hacke kehrtmacht und meinen Schwiegervater mit offenem Mund und Thermoglas in der Hand an dem Toiletteneingang stehen lässt.

»Troubadour?« Der Alte Zhu kratzt sich am Kopf. Ich helfe ihm auf die Sprünge: »Der Reiseprospekt! Erinnerst du dich noch? *Eine musikalische Reise durch Europa.*« Der Jodler hat ihn anscheinend beeindruckt.

Mir blitzt ein Bild durch den Kopf: Während ich unter der heißen Sonne Kretas gefüllte Weinblätter und Oliven verspeise, steht der Alte Zhu zusammen mit der Dame vor dem Brandenburger Tor und die beiden Minnesänger geben gemeinsam einen Jodel-Hit zum Besten. Was für eine herrliche Vorstellung! Aber in der Realität stehen wir beide vor der Toilette zwischen den Check-in-Schaltern am Flughafen in Shanghai. Mein Schwiegervater starrt immer noch in die Richtung, in die die Jodel-Troubadourin verschwunden ist. Auch wenn ich den seltenen Anblick des sprachlosen Alten Zhu genieße, müssen wir doch jetzt langsam los. In einer Stunde und 15 Minuten hebt unser Flitterwochenflieger ab. Wir müssen noch Schlange stehen, um das Gepäck aufzugeben, und anschließend durch die Sicherheits- und Passkontrolle. Und das ganze am Flughafen Pudong, der fast die gleiche Fläche wie mein rheinländisches Heimatdorf für sich beansprucht. Meine deutschen Eltern hätten jetzt schon mindestens zwei Stunden in der Abflughalle verbracht und stünden zu diesem Zeitpunkt wahrscheinlich am Gate bereit, um ja so schnell wie möglich in den Flieger zu gelangen.

»Papa, jetzt komm schon, wir müssen einchecken«, hole ich ihn wieder in die Realität zurück.

Er tritt an den Spender und wäscht erst mal seinen Trinkbehälter aus. Dann drückt er gemächlich auf den roten Heißwasserknopf. Der Anblick meines Schwiegervaters, der sich seelenruhig das heiße Wasser in sein Glas füllt, macht mich rasend. Ich habe ja sonst die Ruhe weg, aber wenn es um Unpünktlichkeit geht, gerät mein deutsches Blut stark in Wallung.

»Wenn ich das heiße Wasser zu schnell einfülle, zerstört es die Aromen meiner Teeblätter. Dieser Tee kostet umgerechnet rund 100 Euro pro Pfund, das würde ich mir nie verzeihen.«

Jetzt ist es an mir, auf der Hacke kehrtzumachen. Selbst wenn die Teeblätter vergoldet wären, ist mir das herzlich egal. Ich will mit diesem Flieger nach Deutschland. Soll der Alte Zhu doch mit seinem edlen Kraut im Glas im Shanghaier Flughafen seinen Urlaub verbringen. Zumindest an heißem Wasser würde es ihm hier nicht mangeln. Schnellen Schrittes eile ich zum Schalter, wo meine Frau und meine Schwiegermutter auf uns warten.

»Wo ist denn Papa?«

Dies sollte das erste von etwa 753 Malen sein, dass ich diesen Satz auf unserer Reise höre oder selbst sage.

»Er ist ein erwachsener Mann und wird schon kommen, sobald er die handgepflückten, jungfräulichen Teeblätter in einer für sie passenden Temperatur erhitzt hat und ihre Aromen sich vollends entfaltet haben«, teile ich den beiden Frauen mit, die mich irritiert anschauen. Normalerweise halte ich mich zurück. Aber ich habe nur die Wahl zwischen Sarkasmus und Wut. Und das sind immerhin meine Flitterwochen, die verbringe ich lieber sarkastisch als wütend.

Wir sind die einzigen und letzten Passagiere des Fluges am Schalter und die Stewardess drängt uns, rasch durch Pass- und Sicherheitskontrolle zum Gate zu laufen. Ich blicke mich noch einmal um in Richtung Toiletten, doch in dem Gewusel von vielen schwarzbehaarten und einige grauen Köpfen kann ich meinen Schwiegervater nicht ausmachen.

Schwer atmend und schwitzend kommen wir am Gate an. Zumindest ich bin schweißgebadet. Meinen beiden weiblichen Mitreisenden liegt Transpiration so fern wie der Anfang der Chinesischen Mauer ihrem Ende. Und das ist nicht nur eine subjektive Wahrnehmung. Auch wenn Ostasiaten natürlich schwitzen – zwar nicht in dem Ausmaß eines übergewichtigen mitteleuropäischen Endzwanzigers –, gibt es einen kleinen, aber sehr entscheidenden Unterschied. Ein einziges Eiweißmolekül sorgt dafür, dass bestimmte Menschen beim Schwitzen einen unangenehmen Körpergeruch absondern. Dieses Transportmolekül bringt die Schweißstoffe, die für den Geruch zuständig sind, auf die Hautoberfläche. Dort machen sich Bakterien über sie her und, siehe da!, der uns allen so bekannte Schweißgeruch tritt zutage. Die meisten Ostasiaten, also Japaner, Koreaner und Chinesen, haben in der genetischen Lotterie ein Glückslos gezogen, das dafür sorgt, dass dieses kleine Transportprotein inaktiv ist.

Als wir die Gangway hinab zum Flugzeug gehen, beenden die Schweißtransportproteine auf meiner Haut so langsam ihre Arbeit und ich atme beruhigt auf. Sollte mein Schwiegervater es nicht rechtzeitig in den Flieger schaffen, so werde ich – wie ich mir ehrlich eingestehe – nicht besonders traurig darüber sein, dass wir »nur« zu dritt in die Flitterwochen starten. Meine Schwiegermutter ist im Gegensatz zu ihrem Mann angenehm pflegeleicht.

»Herzlich willkommen an Bord!« Die Stewardess mit dem auffälligen Make-up und einer eleganten Hochsteckfrisur unter dem blauen Hütchen begrüßt uns freundlich auf Chinesisch und Englisch. »Damit wären wir abflugbereit. Wir schließen gleich hinter Ihnen die Türen.«

Ich tausche erstaunte Blicke mit meiner Frau und zucke mit den Schultern. Damit ist das Schicksal meines Schwiegervaters wohl besiegelt. Die Flugbegleiterin weist uns den Weg in den hinteren Teil des Flugzeugs. Als ich mich an den Toiletten vorbei in die Passagierkabine zwänge, werde ich von der kalten Klimaanlagenluft und leisen Saxofonklängen empfangen. Plötzlich zwickt mich von rechts etwas in den Oberschenkel. Ich blicke seitlich nach unten und direkt in die dunklen Augen des Alten Zhu, der es sich schelmisch grinsend auf Sitz Nummer 23G gemütlich gemacht hat. Dieser befindet sich in der ersten Reihe der Economyklasse und ist normalerweise Familien mit Babys vorbehalten. Da auf diesem Flug anscheinend keine da sind, hat mein Schwiegervater es irgendwie hinbekommen, sich dorthin zu katapultieren. Ich werde aus diesem Mann einfach nicht schlau. Hat er irgendwelche Superkräfte, die es ihm erlauben, sich über die Gesetze von Raum und Zeit hinwegzusetzen?

»Du warst doch die ganze Zeit hinter uns! Wie bitte hast du es geschafft, vor uns im Flieger zu sein? Und dann auch noch auf diesem Platz?«

Bevor er antwortet, gönnt er sich erst einmal genüsslich und laut hörbar für alle benachbarten Sitzreihen einen großen Schluck seines – zugegebenermaßen sehr duftenden – Schwarztees.

»Wie du weißt bin ich doch stellvertretender Schriftführer des Mah-Jongg-Clubs PENG PENG 1994.«

»Ja.«

»Und der stellvertretende Kassenwart, der Alte Zhao, der ist hier am Flughafen Vorarbeiter für alle Check-in-Schalter und eine halbe Minute, nachdem du so wahnsinnig schnell weggehetzt bist, bin ich ihm an der Toilette begegnet. Als alter Freund hat er es sich natürlich nicht nehmen lassen, mich durch die VIP-Schleuse persönlich in den Flieger zu bringen. Die haben doch diese Golfmobile hier am Flughafen, piep, piep und so.« Er freut sich ungemein über seine eigene Bauernschläue (gepaart mit ein wenig Glück) und imitiert lachend die Hupe des Fahrzeugs. »Damit sind wir hierhin gebraust. Danach hat er dafür gesorgt, dass ich diesen Platz hier bekomme. Ist er nicht ein wahrer Freund?«

Wie um seinen Triumph bildlich zu unterstreichen, streckt er seine in eine blaue Stoffhose gehüllten Beine so weit aus, dass sie die vordere Trennwand gerade so berühren. Ich fühle einen sanften Druck von hinten.

»Bitte gehen Sie nun auf Ihren Platz«, bittet mich die Stewardess, die in ihrer Hand bereits den Demonstrations-Anschnallgurt und eine Sauerstoffmaske hält. »Wir möchten mit den Vorbereitungen für den Start beginnen.«

Kopfschüttelnd bahne ich mir den Weg vorbei an Hunderten schnatternden, schlafenden oder heißes Wasser schlürfenden Chinesen. Es erstaunt mich immer wieder, wie viele Türen diese *guanxi* in China öffnen können. *Guanxi*, das ist das Netzwerk an Beziehungen, das fast ausnahmslos jeder Chinese aufopferungsvoll pflegt. Mit den richtigen *guanxi* kann man die Menge an wartenden Patienten im Krankenhaus getrost ignorieren und, geleitet von einer Krankenschwester, ohne Termin direkt ins Behandlungszimmer des Oberarztes stolzieren. Oder man bekommt in Sekundenschnelle auf wundersame Weise einen freien Tisch in einem Restaurant, für den andere Leute drei Stunden lang anstehen. Oder eben einen Freifahrtschein für eine Fahrt mit dem Golfmobil durch die VIP-Schleuse des Flughafens direkt in die erste Reihe des Fliegers. Natürlich wäscht dabei eine Hand die andere und diese Aktion wird meinen Schwiegervater mindestens ein edles Abendessen mit den feinsten Wollhandkrabben Shanghais kosten. Da ich nicht die richtigen *guanxi* habe, zwänge ich mich in den kleinen Flugzeugsitz in der Dreierreihe neben Liping und Lehrerin Wang. Kaum habe ich meinen Anschnallgurt mit einem Klick geschlossen, falle ich erschöpft in einen traumlosen Schlaf. Als wir schon mehrere Tausend Meter vertikal und mehrere Tausend Kilometer horizontal hinter uns gebracht haben, werde ich von einer lauten Diskussion aus dem Küchenbereich geweckt, der etwa sieben Sitzreihen hinter uns liegt.

»Nein, Passagiere dürfen sich nicht selbst am heißen Wasser bedienen«, höre ich eine Stewardess in einem freundlichen, aber mit einer hörbaren Nuance Ungeduld gesprenkelten Ton sagen.

»Euer Rind war furchtbar versalzen. Ich habe sowieso schon Bluthochdruck, und wenn ich das Salz nicht alle halbe Stunde mit einer Tasse Tee aus meinem Körper spüle, dann müssen Sie gleich eine Durchsage machen, ob es nicht einen Arzt an Bord gibt.«

Ich schaue nach links und sehe, dass meine Frau und ihre Mutter mit aufgesetzten Schlafmasken und mit Stöpseln in den Ohren tief im Schlaf versunken sind. Der gleichmäßige Atem von Liping und die kleinen Schnarcher, die meine Schwiegermutter hin und wieder von sich gibt, zeugen von jahrelanger Übung, die markante Stimme des Alten Zhu in jeder Lebenslage gekonnt zu ignorieren. Ich nehme mir ein Beispiel an ihnen und krame aus dem Fach vor mir Ohrenstöpsel und Schlafmaske hervor. Leise raschelnd entferne ich die Plastikverpackung und genieße die plötzliche Dunkelheit und Stille, die mich umgibt. Gedämpft höre ich die Stimmen ein paar weitere Sätze wechseln, als das Gespräch plötzlich abrupt abbricht und Schritte in unsere Richtung vernehmbar sind. Damit keiner auf die Idee kommt, dass ich mich für das Geschehen in der Bordküche interessiere, drücke ich mich ein paar Zentimeter tiefer in den Sitz und drehe mich leicht in Richtung Fenster. Aber die Schritte verweilen nicht einmal eine Millisekunde an unserer Sitzreihe. Wahrscheinlich wäre es auch zu viel verlangt, wenn der feine Herr aus der ersten

Reihe sich mit dem niederen Fußvolk aus Reihe 54 einlässt. Nachdem sich der Alte Zhu entfernt hat, atme ich noch einmal tief diesen Mix aus komprimiertem Sauerstoff, Mikrowellengerichten aus Blechbehältern sowie diversen Körpergerüchen ein und falle ein zweites Mal in einen leichten Schlaf.

Als wir in den frühen Morgenstunden in Frankfurt ankommen, empfängt uns der Maimorgen mit angenehmen 15 Grad und einem leichten Nebelschleier über den Landebahnen. Mit wachsendem Optimismus lotse ich meine chinesische Familie durch die Passkontrolle in die Gepäckhalle. Ich reibe mir die Hände. Bis auf Liping mit ihren ganz passablen Deutschkenntnissen sind sie jetzt voll und ganz auf mich angewiesen. Manchmal wünsche ich mir, dass mehr Deutsche Chinesisch lernen, aber jetzt bin ich sehr froh darüber, dass meine chinesische Familie höchstwahrscheinlich niemandem begegnen wird, der sich in ihrer Muttersprache mit ihnen verständigen kann.

»Ich muss auf die Toilette«, wendet sich meine Schwiegermutter an mich.

»Wie lange dauert es denn, bis wir in Marienheide sind?«, wirft sich mein Schwiegervater dazwischen, bevor ich auf die Bitte seiner Frau reagieren kann.

Jetzt ahne ich, wie sich meine Eltern damals auf den langen Urlaubsfahrten nach Südeuropa gefühlt haben müssen. Ich bewundere sie bis heute ungemein dafür, dass sie es geschafft haben, ohne einen Nervenzusammenbruch mit sechs Kindern und Unmengen an Gepäck den fast tausend Kilometer langen Weg von Marienheide nach Italien zu bewältigen.

»Die Toiletten sind da hinten bei Gepäckband 16 und wir fahren erst mal mit dem ICE nach Köln und dann mit der Regionalbahn nach Marienheide. Alles in allem etwa zweieinhalb Stunden, bis wir da sind.«

Während meine Schwiegermutter in Richtung Gepäckband 16 verschwindet, starrt mein Schwiegervater mich ungläubig an.

»Ich fahre nicht mit dem Zug. So weit kommt es noch! Wahrscheinlich verlangst du als Nächstes von mir, dass ich meine Koffer selber schleppe.«

»Papa, weißt du, wie teuer Taxis in Deutschland sind? Das hier ist nicht China. Du fährst schön Zug mit uns. Und die Landschaften an der Bahnstrecke sind wunderbar. Der Ausblick wird dir gefallen«, entgegne ich.

Liping rollt entnervt mit den Augen. »Thomas hat recht. Die deutschen Züge sind zwar nicht schnell und nicht immer pünktlich, dafür aber komfortabel.«

»Nein, da gibt es keine Tür«, schmettert er uns das chinesische Pendant für *Kommt gar nicht in die Tüte* entgegen. »Meine Freunde nennen mich nicht umsonst Zhu Laoban!«

In Ermangelung eines Pagen hievt der *Vorgesetzte* Zhu mit einem dramatischen Ruck seinen Koffer vom Gepäckband. Diese Theatralik hat ihre Konsequenzen. Er setzt das Gepäck am Boden ab und fasst sich kurz mit einem schmerzerfüllten Blick an die Hüfte. Lange genug, um ein wenig Linderung zu verspüren, aber nicht so lange, dass wir denken könnten, er gäbe klein bei. Sein nächstes Ziel sind die Gepäckwagen. Mit wachsender Belustigung beobachten wir das Schauspiel.

»Ob er weiß, dass die Gepäckwagen in Deutschland Geld kosten?«, frage ich Liping, die sich ermüdet von der langen Reise auf ihren Koffer gesetzt hat.

Sie zuckt nur mit den Schultern.

»Er ist erwachsen, das wird er schon herausfinden. Was meine Oma bei der Erziehung verpasst hat, das werde ich nicht wieder wettmachen.«

Er findet es heraus. Denn selbst das heftigste Ziehen und Rütteln seinerseits an den fest verschlossenen Wagen zeigt keine Wirkung. Ohne sich umzudrehen, schleift er also seinen Koffer durch die Schiebetür in Richtung Taxistand. Das ist schon der dritte dramatische Abgang dieser Reise. Jeder Hollywood-Liebesschnulzen-Regisseur würde glänzende Augen bei diesen Szenen bekommen.

Inzwischen hat meine Schwiegermutter sich erleichtert und kommt sichtlich begeistert auf uns zugestürmt.

»Ihr werdet es nicht glauben. Die haben hier Toilettenpapier auf den öffentlichen Toiletten. Und nicht nur eine Rolle, sondern neun! Neun! Das muss man sich mal vorstellen.«

Überglücklich kramt sie aus ihrer Louis-Vuitton-Designertasche zwei Rollen mausgraues einlagiges recyceltes Flughafentoilettenpapier hervor. Normalerweise erinnert mich dieses billige Papier bei der Benutzung an Schmirgelpapier aus der Garage meines Vaters, aber das tut der Begeisterung meiner Schwiegermutter keinen Abbruch. Mit leuchtenden Augen hält sie uns die zwei Rollen entgegen.

»Wenn wir auf dem Weg mal welches brauchen«, strahlt sie uns mit mütterlicher Fürsorge an.

»Mama, in Deutschland gibt es praktisch überall Toilettenpapier, du brauchst keins mitgehen zu lassen.«

Wir belassen es bei der Aufklärung, denn ich will unbedingt den nächsten Zug bekommen. Ich schwöre aber in Gedanken dem Frankfurter Flughafenbetreiber, dass ich beim nächsten Flug die Damentoilette am Gepäckband 16 mit zwei Rollen bestem Klopapier (mindestens 3-lagig und extra soft) als Wiedergutmachung ausstatten werde. In China hätte so ein Diebstahl nicht passieren können. Bis vor wenigen Jahren gab es dort auf nahezu keiner öffentlichen Toilette Papier. Dann wurden schrittweise die meisten WCs in Shanghai mit entsprechenden Spendern ausgestattet, was aber ein Problem mit sich brachte. Für einige findige Hausfrauen und sparsame Rentner war das der optimale Weg, die Ausgaben für Hygienemittel in der Haushaltskasse drastisch zu reduzieren. Um den ausufernden Klopapierdiebstählen Einhalt zu gebieten, haben die Toilettenbetreiber wiederum die Spender technisch aufgerüstet. Man wird es vielleicht nicht glauben, aber in vielen Großstädten sind nun Toilettenpapierspender mit Gesichtserkennung gang und gäbe. Bevor man sein Geschäft erledigt, stellt man sich vor den Automaten, dieser scannt das Gesicht und spuckt dann eine festgelegte Menge an Papier aus. Sollte man als ausländischer Tourist die chinesischen Gewürze nicht vertragen und sich vielleicht mehrmals am Tag erleichtern müssen, empfiehlt es sich, dafür jedes Mal eine andere Örtlichkeit aufzusuchen oder wie in alten Zeiten sein eigenes Papier mitzubringen. Dies ist in Deutschland aber bekanntlich noch nicht der Fall und so machen wir uns mit unserem um zwei Klopapierrollen erweiterten Gepäck auf den Weg aus der Gepäckhalle in Richtung Fernbahnhof. Aus der Distanz sehe ich, wie mein Schwiegervater einem Taxifahrer seinen Visumsantrag zeigt, auf dem die Adresse meiner Eltern vermerkt ist. Der Taxifahrer scheint angesichts des guten Geschäftes keine Zeit verlieren zu wollen, er befördert den Koffer seines Passagiers behände in den Kofferraum und schon macht sich das elfenbeinfarbene Taxi auf ins fast 200 Kilometer entfernte Marienheide.

    Dass wir für diese Strecke fast drei Stunden mit der Bahn brauchen, ist mir ein bisschen peinlich. Im China des 21. Jahrhunderts kann man im Schnellzug die etwa 1200 Kilometer zwischen Shanghai und Peking in exakt 4 Stunden und 18 Minuten hinter sich bringen. Aber meine Sorgen sind ganz unberechtigt. Liping und ihre Mutter genießen die langsame

Fahrt durchs Rheinische und Bergische Land. Auch wenn die Bimmelbahn an jeder Straßenlaterne und jedem Wildwechsel hält, entschädigen doch die saftig grünen Wiesen und zahlreichen Wälder, die an uns vorbeiziehen, dafür. Zusammen mit drei lautstark pubertierenden Schülern, einer graumelierten Dame mit Einkaufstrolley und einem Bier trinkenden Mittfünfziger, der sein mittellanges Haar mit einem schmierigen FC-Köln-Käppi bedeckt, fahren wir in den eingleisigen Bahnhof Marienheide ein. Aus dem Fenster sehe ich bereits, wie meine Mutter uns freudig aufgeregt zuwinkt. Bei genauerem Hinsehen denke ich mir, dass »aufgelöst« vielleicht eine bessere Beschreibung ihres emotionalen Zustandes ist. Sie läuft vor dem zehn Jahre alten silbergrauen Mercedes meines Vaters auf und ab und streicht sich alle paar Sekunden über Gesicht und Haare.

Kaum haben wir die drei Betonstufen vom Bahnsteig hinab zum Parkplatz genommen, kommt meine Mutter auf uns zugestürmt.

»Dein Schwiegervater … das Taxi … 345,80 Euro … die Polizei holen.«

»Mama, jetzt hol doch mal Luft, ich verstehe ja kein Wort.«

Genauso geht es meinen zwei chinesischen Mitreisenden.

»Was hat mein Vater schon wieder angestellt?«, fragt Liping ruhig.

Wahrscheinlich hat sie sich irgendwann in den letzten Jahren geschworen, dass sie sich nie wieder von dem Alten Zhu aus der Ruhe bringen lassen wird. Erschöpft umarmt meine Mutter uns alle drei erst mal, bevor sie die Geschichte von vorne erzählt.

»Vor einer Stunde hielt ein Taxi bei uns vor dem Haus. Das kam mir schon komisch vor, bei uns hier fährt ja nie jemand Taxi, außer die Krankenkasse bezahlt das. Und dann stieg da dein Schwiegervater aus. Ich sagte zu Papa: ›Das kann doch nicht wahr sein, die sind doch nicht etwa mit dem Taxi aus Frankfurt gekommen. Das wären ja bestimmt mindestens 100 Euro pro Person.‹«

Auch im Rheinland wirft man kein Geld aus dem Fenster. Außer an Karneval und das auch nur in Form von Kamelle.

»Aber da war nur dein Papa, Liping. Und natürlich der Taxifahrer. Und dann war das Persisch und Chinesisch! Ach, du liebes Lottchen, was die geschrien haben.« Sie steckt sich eine Haarnadel in ihrem Dutt zurecht. »›Euros! EU – ROS!‹, schrie der Taxifahrer, ›No! No!‹, rief dein Papa. Und dann …« – die Erinnerung ließ sie einen kurzen Moment innehalten und schlucken –, »und dann habe ich gesehen, wie bei der Cäcilie nebenan sich schon die Gardinen bewegten.« Cäcilie, die trotz der Sache mit dem Pudel Marilyn neben den Kramers auf unserer Hochzeit sitzen wird. »Du weißt doch, wie sie ist. Wenn die etwas sieht, weiß das in einer halben Stunde das ganze Dorf. Und Ausländer mag die sowieso nicht so gerne.« Ein bisschen schuldbewusst schaut sie die beiden Chinesinnen an. »Und da habe ich zu deinem Vater gesagt, Peter, habe ich gesagt, du musst den Werner anrufen.«

Werner, das ist unser alteingesessener Dorfpolizist. Er kann zwar Grundschulkinder sicher über die Straße bringen und bei Falschparkern sehr gut mal zwei Augen zudrücken, aber wie es um seine diplomatischen Fähigkeiten und seine Chinesisch- bzw. Persischkenntnisse bestellt ist, darüber bin ich mir nicht im Klaren.

»Die Cäcilie stand da schon mit dem Telefonhörer am Fenster. Da habe ich mein Portemonnaie geschnappt und dem Taxifahrer das Geld für die Fahrt gegeben. 345,80 Euro! Aber natürlich habe ich 1,20 Euro Trinkgeld draufgelegt.« Der arme Mann muss ja zurück nach Frankfurt.«

Auf den letzten drei Kilometern in Richtung Elternhaus übersetze ich die Episode ins Chinesische. Ohne die Atemlosigkeit und Aufregung meiner Mama verliert das Geschehen jedoch erheblich an Dramatik und Liping und meine Schwiegermutter zucken nur mit den Achseln. Meine Frau hatte anscheinend Schlimmeres erwartet.

»Mama, du bekommst das Geld natürlich von meinem Vater zurück. Dafür sorge ich.«

Liping legt ihren Arm um die Schulter meiner Mutter und diese seufzt erleichtert auf. Damit ist das Loch in der Haushaltskasse wieder gestopft.

»So ein rückständiges Land habe ich ja noch nie erlebt.«

So als wäre nichts gewesen, sitzt der Alte Zhu barfüßig in einem dunkelblauen Plastikgartenstuhl auf der Wiese meines Elternhauses. Die Hosenbeine seiner blauen Leinenhose hat er sich über die Knie gezogen und beide Beine weit ausgestreckt. Seine ständigen Begleiter, der Thermobecher und eine glimmende Zigarette, sind auch wieder dabei.

»Der Taxifahrer konnte kein Wort Chinesisch, und was mobiles Bezahlen ist, wusste er auch nicht. Das muss man sich mal vorstellen! Wir leben im 21. Jahrhundert und der will Bargeld von mir. Aber die Luft hier ist gut, das muss ich zugeben.«

Wie um das schnellstmöglich zu ändern, bläst er eine große Wolke Zigarettenrauch in den blauen Marienheider Himmel. Auch meine Frau und meine Schwiegermutter atmen tief die bergische Landluft ein.

Ein chinesisches Sprichwort sagt: *Reisen ist, den Ort, der einen unendlich langweilt, zu verlassen und an einen Ort zu fahren, der andere unendlich langweilt.* Als meine chinesische Familie aus dem Staunen nicht herauskommt und bei jedem

Gänseblümchen, Rotkehlchen und jeder braun gescheckten Milchkuh erst mal unzählige Ahs und Ohs ertönen lässt, um dann ihr Smartphone zu zücken und die daheimgebliebenen Freunde und Verwandten digital an ihrer Freude teilhaben zu lassen, erfüllt mich das doch mit Freude und Stolz. So aufregend das Leben in der Metropole Shanghai ist, so beruhigend und entspannend sind die oberbergischen Wälder, Wiesen und Seen.

***

Auch wenn die Betten meines Elternhauses viel zu weich sind für chinesische Verhältnisse (meine Schwiegereltern verbringen ihre Nächte auf als gemütliches Bett verkleideten Brettern mit einer dünnen Auflage), schlafe ich einen tiefen, traumlosen Schlaf. In den Morgenstunden werde ich nicht von hupenden Motorrollern und den nimmer enden wollenden Stoßhammergeräuschen meiner chinesischen Wahlheimat geweckt, sondern von dem Krähen Egons, des Nachbarhahns, begleitet vom allmorgendlichen Vogelgezwitscher.

»Wie gut, dass du so früh wach bist. Ich glaube, deinem Schwiegervater geht es nicht gut.«

Mein Vater schaut von der Tageszeitung auf und weist hinter sich aus dem Fenster hinaus in den Garten. Dort sehe ich meinen Schwiegervater, wie er in seinem Schlafanzug auf dem Rasen auf und ab läuft – und zwar im Rückwärtsgang und unentwegt in die Hände klatschend. Wie in vielen sozialistischen Ländern wird Körperertüchtigung und Volksgesundheit in China großgeschrieben (nur bildlich – die chinesische Sprache kennt, außer für Zahlen, keine Groß- und Kleinschreibung). In Parks und Wohnkomplexen im ganzen Land gibt es überall verstreut Fitnessstudios unter freiem Himmel. Die bestehen meist aus knallbunt lackierten metallenen Sportgeräten, die allen Gesundheitsorientierten zur freien Verfügung stehen. In den sehr frühen Morgenstunden werden diese meist von Rentnern belagert, die hart daran arbeiten, ihren Lebensabend so fit wie möglich zu gestalten. Wie auch der Sozialismus offiziell einer »mit chinesischen Besonderheiten« ist, ist auch die chinesische Rentnerfitness etwas ganz Besonderes. Um Gleichgewichtssinn und Körperbeherrschung zu trainieren, ist eine beliebte Übung bei chinesischen Ü-50ern, rückwärts die Wege des ganzen Parks abzulaufen. Das geschieht langsam und bedacht, um ungewollte Unfälle zu vermeiden. Wer es mal versucht hat, wird sich eingestehen, dass das durchaus eine Kunst ist. Und um das Ganze ein wenig herausfordernder zu machen, klatschen viele chinesische Senioren dabei: entweder in die Hände oder den ganzen Körper nacheinander ab, vom Kopf über Schultern und Hüften bis zu den Waden. Das soll den Kreislauf anregen und das Blut zu schnellerem Fließen animieren.

Und genau dieses Bild bietet sich meinem Kaffee trinkenden Vater jetzt. Der Alte Zhu manövriert sich rückwärts durch meinen elterlichen Garten, vorbei an Blumenbeeten, Schaukeln und dem Sandkasten, der da schon seit meiner Kindheit steht und heutzutage die Enkel meiner Eltern beglückt. Bei dieser Übung hat mein Schwiegervater seine Arme weit ausgestreckt und klatscht rhythmisch in die Hände. Bei jedem Auftreffen der Handflächen atmet er laut hörbar durch den Mund aus. Wahrscheinlich hofft er, so einen Teil des jahrelang eingelagerten Teers in seinen Lungenflügeln loszuwerden. Zwischendurch hält er an und nimmt einen großen Schluck aus seinem Thermoglas, das er auf dem Deckel der blauen Regenwassertonne deponiert hat. Für einen außenstehenden

Beobachter muss das wirklich ein sehr groteskes Bild abgeben, aber ich zucke nur mit den Schultern.

»Dem geht's gut, Papa. Mach doch morgen mal mit.«

Sport war doch schon immer ein gutes Mittel zur Völkerverständigung und ich würde gerne sehen, wie die Marienheider Senioren, angeführt von meinem Schwiegervater, im Rückwärtsgang und in die Hände klatschend eine Talsperre umrunden. Das wäre wahrscheinlich sogar eine Meldung in der Regionalzeitung wert.

»So weit kommt's noch!« Ohne aufzublicken blättert er die Zeitung um. »Weil sie deinen chinesischen Besuch bekochen muss, hat Mama noch nicht einmal Zeit, mit mir zusammen zu frühstücken.« Mein Vater tut sich sehr schwer mit Veränderungen. Meine Mutter hingegen steht voll in ihrem Element am Küchenherd, streut Salz in einen Topf und gießt Wasser in einen anderen. »Da laufe ich bestimmt nicht noch mit dem wie ein Zirkusaffe durch den Garten.«

Ich glaube, nicht nur meine Schwiegereltern brauchen eine Lektion in Sachen Toleranz.

»Das war ja nur ein Scherz, sei einfach nett zu ihnen und gut ist.«

Mein Vater klappt die Zeitung zusammen und brummelt etwas Unverständliches vor sich hin. Ich schenke mir einen Kaffee ein und schlinge ein Vollkornbrötchen mit Leberwurst hinunter. Schon morgen werden wir uns in der schönen weißen Kirche auf dem Berg trauen lassen und es stehen wahnsinnig viele Vorbereitungen an.

»Guten Morgen, Papa, guten Morgen, Schatz!«

»Guten Morgen«, begrüße ich meine Frau, die mit verschlafenem Gesicht am Türrahmen der Küche lehnt. Sie hat eins meiner T-Shirts an, das ihr als Schlafanzug dient und ihr wirklich wunderbar steht.

»Guten Morgen, Liping.«

Zumindest für seine Schwiegertochter hat er ein Lächeln übrig. Sie greift sich ebenfalls ein Brötchen aus dem Brotkorb und schmiert es sich ganz klassisch mit Marmelade nach deutscher Art. Für ihren ersten Deutschlandbesuch macht sie es schon gar nicht schlecht. Ich war bei meinem ersten traditionellen chinesischen Frühstück nicht so tolerant. Vielleicht liegt es aber auch daran, dass Vollkornbrötchen generell leichter verdaulich sind als Entenblut und Innereien. Aber wahrscheinlich ist Liping einfach anpassungsfähiger als ich.

Morgen werde ich sie nach der standesamtlichen und der traditionellen chinesischen Hochzeit in Shanghai also zum dritten Mal heiraten. Na, wenn unsere Ehe nicht mindestens drei Mal so lange hält wie andere Ehen, dann weiß ich auch nicht.

»Die Hühnersuppe für deine Schwiegereltern ist gleich fertig. Du hast ja gesagt, dass sie morgens unbedingt warm essen, da habe ich ihnen ein Extrasüppchen gekocht«, meldet sich meine Mutter zu Wort. Normalerweise ist sie sehr gerne Gastgeberin, aber heute höre ich eine leise Eifersucht heraus. »*Wir* sind ja nicht so anspruchsvoll, was das Essen angeht.«

»In China haben wir euch jeden Morgen frische Brötchen, Butter und Käse zu einem Luxuspreis gekauft«, werfe ich mich für meine Schwiegereltern in die Bresche. »Das ist für chinesische Verhältnisse durchaus anspruchsvoll.«

Warum habe ich den Eindruck, dass meine Eltern tatsächlich ein bisschen Essig essen? Das ist der chinesische Ausdruck für Eifersucht und rührt von dem Gesichtsausdruck her, der übermäßigem Essigkonsum und Eifersüchtigsein gemein ist. Seit ich in China lebe, höre ich von meiner Mutter immer wieder, dass es ihr nichts ausmacht, dass ihr jüngster Sohn so weit weg lebt und mehr Zeit mit seinen Schwiegereltern als mit ihnen verbringt. Und immer habe ich das Gefühl, dass sie genau das Gegenteil sagen möchte. Nichtsdestotrotz kramt sie nun die Eiernudeln aus der Schublade, um Lipings Eltern eine schöne warme Nudelsuppe zum Frühstück zu servieren. Sie kann halt nicht anders als die gute Hausfrau und Kümmerin zu sein. Liping schaut mich mit einem fragenden Gesichtsausdruck an, als hätte sie etwas von der leichten Spannung in der Luft bemerkt.

»Verlustangst?«

Sie hat genau erkannt, worum es hier geht. Ich winke hinter dem Rücken meiner Mama ab und rolle die Augen. Sie unterdrückt ein Gähnen und gießt sich eine Tasse heißes Wasser ein.

»Was ist unser Plan heute?«

Das bewundere ich an ihr: Wenn ich abwinke, kann sie tatsächlich direkt umschalten.

»Wir müssen uns mit dem Pfarrer treffen, die Blumen abholen, meinen Anzug und dein Kleid in der Reinigung bügeln lassen, Schnitzel und Würstchen vom Metzger abholen und noch etwa tausend andere Kleinigkeiten erledigen.«

Ich trinke den letzten Schluck Kaffee aus meinem blauweißen Pott und gebe Liping einen Kuss auf die Stirn.

»Deine Eltern müssen sich heute selbst beschäftigen. Aber das bekommen die schon hin. Heute ist Schützenfest mit Umzug, Musik und Vogelschießen. Da können die mal gucken gehen.«

***

Gerade haben Liping und ich Hochzeitsanzug und Kleid in die Reinigung von Antonios Papadakis zum Aufbügeln gegeben, dem auch einer der zwei örtlichen Imbisse und der Schreibwarenladen gehört, und uns Händchen haltend auf den Weg zum Floristen gemacht, als mein Handy in der Hosentasche vibriert. Ich hebe ab. »Mama«, flüstere ich Liping zu. Anscheinend ist irgendetwas passiert. In Sekundenschnelle spiele ich alle Szenarien durch, die bei einer Mutter am Tag vor der Hochzeit ihres jüngsten Sohnes Schnappatmung und unverständliches Stottern verursachen könnten. Meine Braut ist nicht mit dem Trauzeugen durchgebrannt, die spaziert nämlich an meiner Hand durch den Ortskern meines Heimatdorfes. Wie um mich dessen zu vergewissern und dieses Risiko zu minimieren, drücke ich Lipings Hand fest.

»Ich liebe dich«, sagt sie mir lächelnd auf Deutsch.

Ich blicke in Richtung Kirche und sehe vom etwa zwei Kilometer entfernten Hügel keine dicken schwarzen Rauchwolken aufsteigen. Die Kirche müsste wohl auch noch stehen. Aus der Ferne höre ich, wie die Schützenkapelle das *Bergische Heimatlied* (»Wo die Wälder noch rauschen«) bläst, und tatsächlich rauschen die Wälder, die Vögel singen ebenfalls, und sowieso deutet nichts außer der Stimme meiner Mutter auf einen bevorstehenden Weltuntergang hin.

»Was ist denn los?«

Selbst Liping kann jetzt die verzerrte aufgeregte Stimme meiner Mutter am anderen Ende der Leitung hören.

»Der Werner hat deinen Schwiegervater festgenommen. Auf dem Schützenfest! Alle Nachbarn haben es gesehen. Du liebes Lottchen, das wird jahrelang Gesprächsthema sein. Die Cäcilie stromert schon mit dem Telefonhörer am Fenster rum. Bitte mach doch was.«

Wortlos lege ich auf und massiere mir die Schläfen. Mittlerweile habe ich zwar die Figur eines Buddhas, an dem Gemüt arbeite ich aber noch. Und der Alte Zhu tut sein Bestes, mich mit so vielen Herausforderungen wie möglich auf den höchsten Stand der Erleuchtung zu befördern. Was würde Buddha tun, wenn sein Schwiegervater am Tag vor seiner Hochzeit eingesperrt auf der Polizeiwache meines Heimatortes sitzt? Zum Glück sind wir nur wenige Hundert Meter vom Rathaus entfernt und ohne große Erklärungen ziehe ich Liping dorthin.

»Wir müssen deinen Vater abholen.«

Wir erklimmen die neun Stufen aus bergischer Grauwacke und stehen in dem Empfangsbereich des Rathauses. Zu meiner Grundschulzeit gab es eine eigene Polizeistation mit zwei Beamten und einem eigenen Polizeiwagen. Aber da hier in den letzten Jahren Hühner so ziemlich das einzige Diebesgut und die Täter in 99 Prozent der Fälle Füchse waren, verschwand mit der Zeit zuerst der eine Kollege, dann das Auto und schließlich das Revier. Übrig blieb nur Werner, der in anderthalb Jahren auch in die Rente verschwinden sollte. Nachdem er sein Morgenründchen vom Bahnhof zur Grundschule und zurück gedreht hat, verbringt er die meiste Zeit in dem ihm zugewiesenen Kämmerlein im Rathaus, druckt Dienstanweisungen aus, nimmt Anrufe bestohlener Federviehbesitzer an und setzt sich ab und zu seine Polizeimütze auf, so als ob er sich selbst daran erinnern wolle, in welcher Position er hier tätig ist.

»Lasst mich raus! Hey, Kollege, ich war auch mal Polizist!«, schallt es auf Chinesisch vom Gang, der rechts neben uns in das Innere des Rathauses führt.

Und zusätzlich Inhaber der siebtgrößten Fahrschule im Norden Shanghais und stellvertretender Schriftführer des Mah-Jongg-Clubs PENG PENG 1994, füge ich in Gedanken hinzu. Unschlüssig, ob das fremdsprachige Gebrüll oder unsere Präsenz sie mehr Nerven kostet, schaut die Dame vom

Bürgerservice uns über den dicken Rand ihrer Lesebrille an. Das kräftige Rot der Brille wirkt fast wie eine Farbexplosion in der grauen Eintönigkeit des Bürgerbüros. Das mittellange Haar, das in der Mitte gescheitelt ist und an den Seiten glatt abfällt, sitzt so perfekt, dass der bergische Wind zwar die Wälder zum Rauschen bringen kann, bei dieser Frisur aber selbst bei Windstärke 10 keinen Schaden anrichten würde. Ihr Schreibtisch ist bis auf ein leeres Formular, eine bedruckte Kaffeetasse (*Das schönste an meinem Job ist, dass der Stuhl sich dreht*) und einen Werbekugelschreiber des örtlichen Bestattungsinstituts komplett leer.

»Bitte ziehen Sie sich eine Wartenu…«

Bevor sie den Satz zu Ende bringt, marschieren Liping und ich schon den Gang hinab in Richtung Polizeidienststelle. Ich bin mir sicher, dass Werner mich auch ohne Wartenummer empfängt.

»Thomas!«

Mit einem ernsten Blick tut er das tatsächlich auch. Erst beim zweiten Hinsehen fällt mir auf, dass er nicht seine Polizeiuniform trägt, sondern die waldgrüne Schützentracht. Aber zumindest seine Dienstmütze hat er aufgesetzt. So viel Ordnung muss sein. Er streicht sich zwei Mal schnell über den struppigen blond-grauen Schnurrbart und widmet sich wieder seinem Computer. Aus dem Nebenraum höre ich leises Schimpfen im Shanghaier Dialekt. Werner hackt auf der Tastatur herum.

»Jetzt lässt sich dieses vermaledeite Formular nich bearbeiten.« Er blickt uns vorwurfsvoll an. »Dein Schwiegervater geht mir ganz schön auffe Nerven, weißt du dat?«

»Was heißt Nerven?«, fragt mich Liping und ich übersetze das Gesagte ins Chinesische. Verständnisvoll nickt sie Werner zu.

»Uns spaziert er auch immer auf die Nerven.«

Werner öffnet kurz den Mund, um etwas zu sagen, besinnt sich dann aber anders und weist auf den Platz vor seinem Tisch. Wir setzen uns auf die beiden Besucherstühle und ich atme tief ein. Die trockene Büroluft ist versetzt mit einem Hauch Industriereiniger und abgestandenem Kaffee.

»Was hat er denn verbrochen, dass du ihn festnehmen musstest?«

»Ja, dat war so …«

Und dann erzählt er uns, wie meine Schwiegereltern bei ihrem Spaziergang auf den Schützenumzug getroffen waren.

»Ich blas ja die Posaune und hab deine Schwiegereltern gar nicht gesehn, die fallen ja sonst schon auf hier. Aber da war grade die Stelle mit dem Dur-Wechsel …«

»Werner, bitte! Komm zum Punkt.«

Eigentlich sollte ich jetzt in diesem Moment meine morgige Hochzeit vorbereiten, Blumen abholen und den Pfarrer treffen. Da habe ich wenig Muße, mir die Geschichten über Freud und Leid eines Schützenkapellenposaunisten anzuhören.

»Ja, ja. Am Anfang war ja alles normal. Wir kamen ans Festzelt, und da dein Schwiegervater so neugierig war und alles toll fand, ham wir ihn auf 'n paar Gläser Kölsch eingeladen. Er hatte schon 'nen großen Durst. Deine Schwiegermama hat die ganze Zeit Fotos gemacht und sich auch so'n büschen an den Manfred rangeschmissen. Der ist ja fast zwei Meter groß und in seiner Schützentracht macht der schon was her, da wird so manche Dame wuschig.«

Noch einmal atme ich tief ein. Diesmal hat sich ein bisschen warme Luft aus dem Kopierer dazugemischt.

»Werner, bitte. Warum hast du meinen Schwiegervater festgenommen?«

Wieder fängt der Besagte an, gegen die Tür zu hämmern und lautstark alle seine *guanxi*, seine Beziehungen zu ranghohen Shanghaier Beamten, aufzulisten. Deren langer Arm reicht jedoch nicht bis in die Marienheider Provinzamtsstube.

»Hast du hier eigentlich eine Zelle oder was ist das für ein Raum, in den du ihn gesteckt hast?«

Werner lüftet mit einer kurzen Bewegung seine Dienstmütze und bringt die wenigen Haare darunter wieder auf den richtigen Platz.

»Eine Zelle ham wa schon lange nicht mehr. Dat is die Besenkammer, aber die Putzfrau kommt heute sowieso nicht.«

Ich schließe die Augen und sehe für einen kurzen Moment Sonnenstrahlen, die sich in dem tiefblauen Wasser der Ägäis brechen, neben mir liegt meine braun gebrannte Frau in einem roten Bikini. Ich spüre den erfrischenden Geschmack eines Fruchtcocktails auf den Lippen, als ich durch ein Klopfen an der Tür abrupt in die triste Realität zurückgeholt werde. Ich schaue hoch. Die Uhr zeigt 14.59 Uhr. Die Empfangsdame steckt ihre Betonfrisur durch den Türspalt.

»Ich mache dann Feierabend, Werner. Schönes Wochenende!«

»Bis Montag, Elke! Apropos, da fällt mir wat Witziges ein, dat hat der Günther mir letztens auf dem WhatsApp geschickt. Wart mal, hier: *Mein Wochenende war irgendwie ›Made in China‹.*« Erwartungsvoll blickt er uns an. »*Hat nicht lange gehalten!*« Er bricht in ein grunzendes Lachen aus und wischt sich mit einem blau-rot-weiß linierten Stofftaschentuch den Schweiß von der Stirn. »Verstehse, Thomas?!«

Liping blickt mich ein wenig verstört von der Seite an:

»Was ist denn jetzt mit meinem Papa?«

Werner reißt sich zusammen, räuspert sich und setzt wieder an:

»Ja, dat war so. Der Julian hat mit dem 284. Schuss den Vogel abgeschossen. Dat war ein neuer Rekord, weißt du dat!? Wir haben mal in der Chronik nachgelesen, dat letzte Mal, dass weniger als 300 Schuss ...«

»Weeeeerner«, presse ich zwischen meinen geschlossenen Zähnen hervor.

»Ja, ist ja gut. Auf jeden Fall wollten wir ihn gerade hochleben lassen, da stürmt dein Schwiegervater aus der Menge hervor und reißt dem Julian dat Gewehr aus der Hand! Der wollte ein Selfie damit machen und fing an damit rumzufuchteln. Da kam es zu einem Getümmel und der André hat von deinem Schwiegervater mit dem Kolben einen gegen die Rippen bekommen. Ich habe zwar auch schon zwei, drei Kölsch intus gehabt, aber ein Polizist hat ja nie Feierabend. Wir haben ihm dann dat Gewehr entrissen und ihn überwältigt. Na ja, ich wollte erst mal nicht die Kollegen aus Wipperfürth dazuholen, deswegen hat meine Frau, die Connie, uns mit unserem Toyota hierhin kutschiert.«

Er nimmt einen großen Schluck aus seiner Kaffeetasse und beginnt wieder, auf seine Computertastatur einzuhacken.

»So, unrechtmäßige Aneignung einer Schusswaffe, körperliche Tätlichkeit, Widerstand gegen die Staatsgewalt. Bestimmt auch Beamtenbeleidigung, dat kann ich aber nicht beweisen, versteh ja dem seine Sprach nich«, murmelt er vor sich hin. Da der Computer anscheinend nicht reagiert, wendet er sich wieder uns zu. »Und jetzt muss ich die Anzeige aufnehmen und kann dat Dokument nich bearbeiten. Und bei Ausländern ist dat sowieso immer so 'ne Tortur mit den Daten. Die haben ja keine Personalausweise und dann die Namen immer! Ich hatte vor sieben Jahren mal einen Brasilianer hier sitzen. Der hatte sieben Namen mit 68 Zeichen und in dat Namensfeld passen nur fuffzig und da habe ich ihm gesagt, die könn wa nich alle eintragen. Sollen wir nich die Maria weglassen, dat ist ja eh ein Frauenname? Oder den José? Oder beide? Dann ham wa Maria und Josef direkt beide weg.« Er grunzt kehlig. »Wie heißt denn dein Schwiegervater überhaupt?«

»Zhu Fuqiang. Zhu ist der Familienname und Fuqiang der Vorname.«

»Da ham wa's doch! Dat Ding heißt Nachname und die Chinesen tun dat einfach nach vorn.«

»Werner, deine Frau, die Cornelia, heißt Dillbohne-Brandenburger mit Nachnamen und Anastasia mit zweitem Vornamen. Das passt vielleicht ins Formular, ist aber auch eine Herausforderung. Nicht nur für Chinesen.«

»Is ja gut, Jung. Reg dich mal nit auf. Komm ma rum hier und zeig mir, wie ich dat hier machen soll mit dem Computerdingensformular.«

Ich bewege mich nicht vom Fleck.

»Werner, hör mir mal zu. Wie wäre es, wenn wir keine schlafenden Hunde wecken? Alle Beteiligten haben ein bis sieben Kölsch zu viel gehabt. Wenn deine Kollegen dann anfangen, Fragen zu stellen, wird es für alle unangenehm.«

Das Tippen verstummt und mit leicht alkoholisiert glänzenden Augen schaut unser Dorfpolizist mich an.

»Ich meine ja nur, dass er überhaupt an das Gewehr rankam, ist schon seltsam. Eigentlich habt ihr doch genug Sicherheitsbestimmungen, die das verhindern sollten.« Der letzte Satz ruft wieder das Stofftaschentuch auf den Plan. »Lassen wir die Sache einfach auf sich beruhen. Dann kannst du zurück ins Schützenzelt und wir können morgen unsere Hochzeit mit der ganzen Familie feiern.« Werner legt seine beiden Hände um den Bauch, über dem sich sein grünes Schützensakko sehr deutlich spannt, und lehnt sich im schwarzen Bürostuhl zurück. »Ich lasse ihn ganz bestimmt nicht mehr aus den Augen und er wird mindestens 500 Meter Sicherheitsabstand zum Festzelt halten, bis das Schützenfest zu Ende ist.«

Gedankenverloren starrt er auf den Bildschirm. Sein Blick fällt wahrscheinlich noch mal auf das Feld mit dem Namen und der 50-Zeichen-Beschränkung. Er rafft sich auf.

»Na gut. Aber nur weil du morgen Hochzeit hast, Thomas. Sag aber deinem Schwiegervater, auch Ausländer müssen sich an unsre Regeln und Gesetze halten. Wo kämen wir denn dahin, wenn hier jeder mit Gewehren rumfuchteln würde.«

Damit hat die Dienstmütze ihren Dienst wohl getan. Werner wirft sie lieblos auf die Kommode hinter sich, kramt seinen aus vier Schlüsseln bestehenden Schlüsselbund hervor und öffnet mit einem leisen Rasseln die Tür zur Abstellkammer.

»Na endlich, Kollege! Ich werde mich bei deinen Vorgesetzten für eine Beförderung einsetzen«, teilt der merklich unter dem Einfluss diverser Kölsch stehende Alte Zhu Werner auf Shanghainesisch mit.

Er torkelt aus der Tür und ich verzichte darauf, das Gesagte für Werner zu übersetzen.

Den Rest des Tages erledige ich die letzten Hochzeitsvorbereitungen mit einem angeschickerten Schwiegervater im Schlepptau. Dieser begrüßt ganz herzlich Antonios in seiner Wäscherei, bekommt eine Scheibe Fleischwurst vom Metzger Schulte geschenkt, nickt während unseres Gesprächs mit Pfarrer Odenthal ein und will der jungen Aushilfe im Blumenladen alle Rosen abkaufen, um sie ihr wieder zurückzuschenken.

»Ja, Mama, er ist wieder frei. Das kannst du auch Cäcilie erzählen.« Ich sitze im Auto auf dem Sparkassenparkplatz und führe das gefühlt hundertste Telefonat mit meiner Mutter. »Nein, ich bringe ihn nicht nach Hause. Der bleibt schön an meiner Seite.«

Und so bleibt es auch, bis wir weit nach 23 Uhr endlich zu Hause ankommen, den Alten Zhu in die Obhut von Lehrerin Wang geben und selbst erschöpft in unser Bett fallen.

»Also die Vorbereitungen zu unserer dritten Hochzeit hätte ich mir wirklich etwas routinierter vorgestellt«, sage ich zu Liping.

Die ist aber längst im Land der Träume und schwebt gerade wahrscheinlich im weißen Kleid am Arm ihres Vaters durch die Kirche zum Altar.

KAPITEL 3

DIE FRIEDENSTAUBE IN DER SUPPE

Am nächsten Tag stehen wir noch vor Egons Morgenruf auf. Selbst für ihn ist 4.30 Uhr zu früh, um aus dem Stroh zu kommen.

»Noch fünf Minuten, bitte, Schatz.«

»Nein, Liping, du willst noch zum Frisör und geschminkt werden. Und danach wartet der Hochzeitsfotograf auf uns.«

Wir schälen uns aus der warmen Decke und ich öffne das Fenster. Vielleicht kann mich die kühle Landluft ja wecken. Dafür, dass heute mein Hochzeitstag ist, habe ich erstaunlich gut geschlafen. Ist ja auch schon mein dritter, da legt sich die Aufregung irgendwann. Aber es liegt wahrscheinlich eher daran, dass ich gestern den halben Tag einen angetrunkenen erwachsenen Mann und seine Tochter durchs Dorf geschleppt habe und nebenbei Hochzeitskleider, Blumen und Schweineschnitzel ins und aus dem Auto geladen habe.

»Freust du dich?«

Während ich mich dehne und strecke, umarmt mich Liping von hinten und gemeinsam schauen wir in die graue Morgenlandschaft. Am Horizont macht sich bereits ein Silberstreif bemerkbar.

»Natürlich! Auch wenn ich dann erst mal genug Hochzeiten für die nächsten Jahre hatte.«

Von dem Hummer für den Abendempfang bis zur Kleiderauswahl hatte Liping alles für unsere chinesische Hochzeit in Eigenregie arrangiert. Andersherum blieb die komplette Organisation für die deutsche Hochzeit an mir beziehungsweise meiner deutschen Familie hängen. Aber da wir die Gäste statt mit Hummer und Champagner mit Bockwürstchen und Bier verköstigen und statt mehreren verschiedenen Outfits nur eine einzige Garderobe für unseren großen Tag haben, sehe ich diesem relativ unaufgeregt entgegen.

»Ich bin gespannt, wie es deinen Eltern gefallen wird.«

»Die werden es bestimmt ganz toll finden. Eine echte westliche Hochzeit in einer Kirche und im weißen Brautkleid haben die bisher nämlich nur in Filmen gesehen.«

Im Gegensatz zur pompösen ersten Hochzeit haben wir uns bewusst für eine schlichte Feier im familiären und freundschaftlichen Kreise entschieden. Und der ist mit fünf Geschwistern samt Ehepartnern und Nachwuchs groß genug. Hinzu kommen Nachbarn und weiter entfernte Verwandte. Das sind schon viele Leute, reicht aber bei Weitem nicht an eine Hochzeit à la Alter Zhu heran. Dazu gehören mehrere Hundert Gäste, die feinsten Speisen und Weine sowie das schickste Restaurant der Stadt. Dafür kosteten Essen und Getränke in Shanghai für einen Tisch mit zehn Gästen in etwa so viel wie die gesamte Hochzeit in Marienheide.

»Ich hole dich um halb acht wieder ab!«

Nach einer ausführlichen Morgentoilette und einem schnellen Frühstück liefere ich Liping samt Brautkleid bei Hatice vom örtlichen Frisörstudio ab. Ich bin mir sicher, dass die beiden selbstbewussten Frauen es auch mit Sprachbarrieren schaffen werden, das glatte schwarze Haar meiner Braut in eine umwerfende Hochzeitsfrisur zu verwandeln.

Als ich gegen 6.30 Uhr wieder die Eingangstür meines Elternhauses öffne, werde ich von einem deutsch-chinesischen Stimmengewirr empfangen. Anscheinend sind die beiden so ungleichen Elternpaare schon aus den Federn und freuen sich auf den bevorstehenden Tag. Mein Vater gießt meiner Schwiegermutter gerade einen frisch gebrühten Kaffee ein und sie langt über den Tisch, um sich ein Stück Himbeerkuchen zu nehmen. Sie arrangiert Kaffeetasse und Kuchenteller in einem 45-Grad-Winkel zueinander, steht auf, damit sie für eine bessere Belichtung die Morgensonne im Rücken hat, und fotografiert mit ihrem Handy aus vierzehn verschiedenen Positionen ihr deutsches Frühstück.

»Bei den Germanen bin ich eine Germanin«, sagt sie in leicht abgewandelter Form ein chinesisches Sprichwort vor sich hin.

Nicht nur die Fotos müssen gut ausschauen, wenn man einen passenden pseudophilosophischen Spruch daruntersetzt, kann man mit mindestens der doppelten Anzahl an Likes rechnen. Lehrerin Wang schaut auf ihr Handy, scheint zufrieden mit dem Ergebnis und setzt sich wieder hin. Nach dem ersten vorsichtigen Schluck schwarzen Kaffees verzieht sie das Gesicht und schiebt schnell ein Stück Kuchen hinterher.

»Der Kaffee ist aber bitter und der Kuchen wahnsinnig süß. Und so was esst ihr jeden Morgen?«

Mit einem leicht pikierten Gesichtsausdruck schickt sie die Fotos und ihre Gedanken zu dem germanischen Frühstück in Sekundenschnelle an ihre Freundinnen am anderen Ende der Welt. Der Alte Zhu schaut seine Frau sichtlich übernächtigt an. Anders als Lehrerin Wang hat er weder vor, etwas vom deutschen Frühstück zu probieren noch es zu fotografieren. Wenn ich ihn so ansehe, habe ich das Gefühl, fast zu spüren, wie groß seine Kopfschmerzen sind. Eigentlich unterscheidet sich Kölsch in seinem Alkoholgehalt (4,8 % vol) nur marginal von Tsingtao-Bier (4,7 % vol), das er normalerweise trinkt. Doch das rheinische obergärige Vollbier scheint ihm schwer zugesetzt zu haben. Dabei haben die beiden Biersorten viel gemeinsam. Tsingtaos Heimat ist die ehemalige deutsche Kolonie Qingdao im Nordosten Chinas. Ein gewisser Braumeister Schuster hat im Jahr 1903 unter dem Dach der Germania-Brauerei im Fernen Osten, weit weg von der deutschen Heimat, begonnen, Bier nach dem deutschen Reinheitsgebot zu brauen. Das ursprüngliche Bier enthielt also nur Wasser,

Hopfen und Malz. Seit die Brauerei später von Chinesen übernommen wurde, wird dem Bier, wie den meisten chinesischen Bieren, auch Reis zugesetzt. Die Abwesenheit dieses für die meisten Asiaten so wichtigen Grundnahrungsmittels ist vielleicht ein Grund für den bemitleidenswerten Zustand meines Schwiegervaters. Er sitzt nur schweigend am Kopfende des hölzernen Tisches, der schon seit Jahrzehnten der Mittelpunkt meiner elterlichen Küche ist, und löffelt die Reste der gestrigen Hühnersuppe. Auf die chinesische Art hat er sich noch ein hart gekochtes Frühstücksei in die Suppe getan.

»Ich glaube, ein Rollmops mit saurer Gurke und ein starker Kaffee wäre das bessere Frühstück für ihn«, flüstert mir meine Mutter mit einem schrägen Blick zu. Sie steht an der offenen Kühlschranktür und räumt die Samstagseinkäufe ein. Selbst am Hochzeitstag ihres jüngsten Sohnes kann sie nicht mit der Tradition brechen, am Samstagmorgen um Punkt 5.59 Uhr vor der noch geschlossenen Supermarkttür zu warten, um als erste Kundin ungestört den Wocheneinkauf zu erledigen.

»Du musst nicht flüstern, wenn du über ihn lästerst. Er versteht eh nichts«, sage ich und blicke zum suppeschlürfenden Alten Zhu hinüber.

Seine Alkoholfahne, die den Geruch von frischen Brötchen und Kaffee sehr penetrant übertüncht, ist für ihn wahrscheinlich die einzige Erinnerung an die vielen Kölsch des gestrigen Tages.

»Wie war deine zweite Nacht in Deutschland?«, frage ich mit einem leicht zynischen Unterton.

Er bringt nur ein Wort hervor.

»Kopfschmerzen.«

»Na, zumindest musstest du nicht in der Besenkammer der Polizeistation übernachten«, tröste ich ihn und setze mich neben ihn auf den gepolsterten Landhausstuhl.

Er grunzt nur einmal laut auf. Mit bedeutungsschwangerem Blick holt meine Mutter zwei Kopfschmerztabletten aus dem Arzneischrank im Schlafzimmer und legt sie vor meinen Schwiegervater auf den Tisch.

»Damit kann er den wichtigsten Tag im Leben seiner Tochter zumindest einigermaßen genießen.«

Der Alte Zhu bedankt sich mit einem leichten Kopfnicken, wirft beide Tabletten auf einmal ein, pustet drei Mal über den Rand seines Thermoglases und nimmt einen großen Schluck Grüntee. Er steht auf, schraubt den Deckel aufs Glas und verabschiedet sich in sein Zimmer.

»Ich mache mich fertig. Wir müssen bestimmt gleich los.«

Auch meine Eltern ziehen sich ins Schlafzimmer zurück und übrig bleiben Lehrerin Wang und ich.

»Eigentlich ganz lecker, das deutsche Frühstück. Aber euer Joghurt ist etwas gewöhnungsbedürftig. So sauer und fettig. Ist aber bestimmt Bio.«

Während wir ihren Mann versorgt haben, wollte meine Schwiegermutter mal schauen, was deutsche Hausfrauen so alles im Kühlschrank haben. In ihrem hehren Anspruch, sich ein echtes deutsches Frühstück zu genehmigen, hat sie Lust auf einen Joghurt aus dem Euter von glücklichen rheinischen Weidekühen verspürt. Nun sitzt sie da und hat den blauen Plastikbecher fast leergelöffelt. Ich beuge mich ein bisschen weiter nach vorne. In dem Becher ist definitiv nicht das, was meine Schwiegermutter denkt. Verflixt, was heißt »Schmand« auf Chinesisch? Die meisten Chinesen sind laktoseintolerant, was dazu führt, dass das Angebot an Milchprodukten in China recht begrenzt ist. Es gibt Butter, Milch und Joghurt. Aber was Kefir, Schmand, Hüttenkäse, Magerquark, Buttermilch oder Molke auf Chinesisch heißen, das weiß ich nicht. Und der Großteil der chinesischen Bevölkerung auch nicht.

Darauf gehe ich jede Wette ein. Denn die meisten dieser Produkte gibt es in China gar nicht.

»Mama, das ist kein Joghurt, sondern es heißt ›Schmand‹ auf Deutsch. Das ist so etwas wie Butter oder saure Sahne.«

Lehrerin Wang lässt den Löffel sinken und macht ein Gesicht, als hätte sie gerade Polonium geschluckt.

»Werde ich sterben? Was ist dieses Schi-Man-De? Das hört sich gefährlich an. Warum stellt deine Mutter so etwas denn überhaupt in den Kühlschrank?«

»Sterben werden wir alle früher oder später. Aber bestimmt nicht an Schmand. Es ist natürlich essbar. Aber normalerweise tun wir ihn in Suppen und Saucen oder machen einen Schmandkuchen. Ich habe noch nie jemanden gesehen, der ihn direkt aus dem Becher löffelt, da sind nämlich fast 30 Prozent Fett drin.«

Jetzt macht meine Schwiegermutter ein Gesicht, als würde das Polonium langsam seine Wirkung entfalten. Sie ist immer sehr auf ihre schlanke Taille bedacht und heute ist nicht nur der große Tag ihrer Tochter, sondern auch der Tag, an dem sie ihre neue, dunkelrote, mit Blumenornamenten bestickte *Qipao* zum ersten Mal tragen wird. Dieses enganliegende knöchellange Kleid, dessen moderne Form auf das Shanghai der 1920er-Jahre zurückgeht, ist die erste Wahl für modebewusste Shanghaier Damen bei festlichen Anlässen. Sie freut sich schon seit dem Kauf darauf, wie die Ausländer auf ihre Garderobe reagieren werden, und macht sich jetzt Sorgen, dass der morgendliche Himbeerkuchen und der fette Schmand ihre gute Figur ruinieren werden. Sie war sich sicher, dass sie einen figurfreundlichen Naturjoghurt erwischt hatte, da er kein bisschen süß, sondern ganz im Gegenteil, sehr sauer war.

»Dann lauf halt zehn Mal die Treppe hoch und runter, dann hast du einen guten Teil wieder wettgemacht.«

Ich schaue auf die Uhr. In etwa 30 Minuten müsste meine Braut abholbereit sein. Ich nehme jeweils zwei Stufen in den zweiten Stock, um mich ebenfalls herauszuputzen. Der frisch gebügelte maßgeschneiderte Anzug sitzt wirklich gut. Zum Glück ist seit unserer Ankunft in Deutschland noch nicht zu viel Zeit vergangen. Denn jedes Mal, wenn ich zurück nach Deutschland komme sorgen Mamas Rindsrouladen, Schweinebraten und Kartoffelpuffer dafür, dass mein Körperumfang in wenigen Tagen mehrere Zentimeter zunimmt. So schaue ich aber zufrieden mein Spiegelbild an. Ich muss ja sowieso nur einigermaßen vorzeigbar sein. Das Hauptaugenmerk soll schließlich auf der Braut liegen. Mit dem Kamm gehe ich mir noch einmal durch die Haare und mache mich wieder auf den Weg nach unten. Im Flur treffe ich auf den Alten Zhu. Weder Hühnersuppe noch die Kombination aus Kopfschmerztabletten und Grüntee haben bisher dem Kater Abhilfe geschaffen. Ihm voraus weht immer noch eine Alkoholfahne, die gefühlt ausreicht, um die ganze zweite Etage zu desinfizieren. Als ich ihn so ansehe, kann ich mich nicht entscheiden, was zerknitterter aussieht: sein Anzug oder sein Gesicht. Eigentlich müsste der Anzug ebenfalls zum Aufbügeln in die Reinigung, denn mein Schwiegervater hat ihn einfach zu den anderen Sachen in seinen Koffer gestopft, und entsprechend sieht er aus. Aber zwischen Bockwürstchen, Blumengestecken und Brautkleid hatte das wirklich keinen Platz auf meiner gestrigen To-do-Liste. Ich bin ja schon froh, dass ich ihn erfolgreich aus dem Knast befreien konnte. Und jetzt in diesem Moment werde ich von Liping und dem Hochzeitsfotografen erwartet. Also beschließe ich, mich nicht um den zerknitterten Anzug zu scheren. Der Alte Zhu schlurft langsam die Treppe hinunter und ich folge ihm. Auf halber Höhe kommt uns meine schnaufende Schwiegermutter entgegen.

»Und eins und zwei und drei und vier. Weg mit dem Bauch, weg mit dem Bauch.«

Sie ist zu beschäftigt mit ihrem Kampf gegen die Kalorien, um uns beide auch nur eines Blickes zu würdigen. Wir quetschen uns an ihr vorbei und stöhnend setzt sich der Alte Zhu auf die Sitzbank im Flur. Meine Mutter steht in der Küchentür, hat beide Fäuste in die Hüften gestemmt und schaut abwechselnd mich und meinen Schwiegervater an.

»Alles in Ordnung, Mama?«

»Da fragst du noch?« Sie geht rückwärts zwei Schritte in die Küche und winkt mich zu sich. »Wie sieht der denn aus?« Sie schaut unauffällig über meine Schultern in Richtung Schwiegervater. Der bekommt aber von der Welt um sich herum nichts mit und schaut nur stumpf auf den Schuhschrank. Anscheinend haben die Kopfschmerztabletten ihre Wirkung immer noch nicht entfaltet.

»Du lieber Himmel! Wenn der so in der Kirche aufläuft ... Eine Katastrophe!« Wie immer, wenn sie sich aufregt, nimmt sie den Wischlappen in die Hand und fängt an, die sowieso schon blitzblanke Herdplatte zu schrubben. »Wir legen Wert auf Ordnung und Sauberkeit, das weißt du doch. Der Anzug hat ja mehr Falten als Oma Elfriedes Gesicht, Gott hab sie selig.« Der Putzlappen dreht seine Kreise schneller, bis er plötzlich auf Höhe des rechten oberen Kochfeldes anhält. »Wenn du es ihm nicht sagst, mach ich es.« Drohend wedelt sie mit dem Lappen vor meinem Gesicht herum. »In China haben wir schließlich auch alles gemacht, was die uns gesagt haben. Was wir da auf eurer Hochzeit an Gebräu geschluckt haben! Und verbeugt haben wir uns! Sieben Mal in alle Himmelsrichtungen. Da wird man doch von ihm verlangen dürfen, dass er auf der deutschen Hochzeit zumindest einen ordentlich gebügelten Anzug trägt.« Der Lappen verschwindet in der Vordertasche der rot-weiß karierten Schürze und meine Mama stapft an mir vorbei in den Flur.

»Du!« Sie zeigt mit dem rechten Mittelfinger auf meinen Schwiegervater. »Mitkommen!«

Jetzt zeigt sie auf die Schlafzimmertür. Mit der Kraft einer sechsfachen Mutter, die Einkaufstaschen geschleppt hat, Hunderte Laibe Brot geknetet und Tausende Wäscheladungen in den Keller und zurück gebracht hat, zieht sie den Alten Zhu ins Schlafzimmer. Auf der Treppe höre ich meine Schwiegermutter weiterhin japsend ihren Bauch beschwören, doch bitte kleiner zu werden. Aus der mittlerweile geschlossenen Schlafzimmertür tönt die resolute Stimme meiner Mutter: »Ausziehen!«

Zum Glück bekommt Lehrerin Wang von alledem nichts mit. Auch dass mein Vater gerade die Einfahrt kehrt, um sich die Zeit zu vertreiben, ist bestimmt gut für den Familienfrieden. Es vergehen nur wenige Augenblicke, da geht auch schon die Tür auf. Ohne ein Wort zu verlieren, marschiert meine Mama, den schwarzen Zweiteiler und ein weißes Herrenhemd unter den Arm geklemmt, ins Bügelzimmer. Ich werde hier offensichtlich nicht mehr gebraucht, ziehe also meine schwarz lackierten Schuhe an, schnappe den Autoschlüssel vom Haken und gehe zur Außentür raus. In China hatte der Alte Zhu einen schnittigen BMW zu unserem Hochzeitsauto auserkoren. Da mich aber Autos nicht im Entferntesten interessieren und ich keine Lust habe, Unmengen für einen Sportwagen auszugeben, muss der alte Mercedes meiner Eltern für die heutige Feierlichkeit herhalten. Frisch aus der Autowäsche und dekoriert mit Blumenschmuck macht er trotz seines Alters einen ganz schicken Eindruck, wie ich finde. Ich rücke die roten und weißen Rosen auf der Kühlerhaube ein wenig zurecht und öffne die Autotür. Mittlerweile ist es fast halb zehn und wir müssten uns eigentlich schon im Park am Heilteich mit dem Fotografen treffen. Der Heilteich, die einzige parkähnliche Anlage in Marienheide, ist in Wahrheit eigentlich nur eine Wiese, die sich an einen kreisrunden Tümpel mit etwa fünf Metern Durchmesser schmiegt. Wenn man Glück hat, ziehen drei graue Enten auf dem Wasser ihre Kreise und warten darauf, dass Senioren mit ihren Rollatoren vorbeikommen und sie mit vier Tage altem Graubrot füttern. Mangels Alternativen muss dieser Ort als Fotohintergrund für unsere Außenhochzeitsbilder herhalten.

In China haben wir, so wie die meisten chinesischen Paare, unsere Bilder drei Monate vor der Hochzeit geschossen. Die Hochzeitsindustrie ist so gigantisch groß und gut organisiert in China, dass man deutsche Hochzeiten für unglaublich klein und unspektakulär halten muss. An dem Tag unseres Fototermins hatten wir uns in einen Außenbezirk Shanghais begeben und ein riesiges Industriegebiet betreten. Aber statt Fabriken und Logistik fanden wir dort falsche Kulissen und Fotostudios wie in Hollywood vor. Eine junge Angestellte führte uns in eine Ankleidehalle, in der Brautkleider in allen erdenklichen Größen, Ausführungen und auch Farben hingen. Bis unter die Decke war die Halle voll mit Regalen, Umkleidekabinen und Spiegeln. Für den zukünftigen Bräutigam war natürlich auch genug Auswahl da, aber wie so oft spielen wir Männer auf Hochzeiten ja nur die zweite Geige. Nachdem sich Liping zwei Hochzeitskleider, ein klassisches Ballkleid, eine traditionelle *Qipao* und ein verspieltes Matrosenkostüm ausgesucht hatte, verbrachten wir die folgenden zehn Stunden vor sieben verschiedenen Hintergründen im Blitzlichtgewitter zweier uns zugeteilter Fotografen. Vor einem Spanplatten-Café, in einem Tempel aus Pappmaché und vor einer Strandtapete lächelten wir Hunderte Male auf

Kommando. Am Abend bedurfte es einer halbstündigen Gesichtsmassage, um die Krämpfe in meinen Wangen halbwegs loszuwerden. Doch der Aufwand hatte sich gelohnt. Nach wenigen Tagen bekamen wir die Bilder zu sehen. Durch die für meinen Geschmack etwas übers Ziel hinausgeschossene Nachbearbeitung sah ich auf den Bildern mindestens fünf Jahre jünger und zehn Kilo leichter aus.

Aber wie das ganze Fest sollen auch die Fotos hier in Marienheide eine Nummer kleiner ausfallen. Als ich schon vom Hof runtergefahren bin, fällt mir der Brautstrauß ein, der auf der Ablage im Flur liegt. Jetzt bin ich schon eine halbe Stunde zu spät, da kommt es auf die paar Minuten auch nicht an. Ich fahre wieder vor, lasse den Motor laufen und springe aus dem Auto. Hochzeitsfotos ohne Brautstrauß, das ist so wie deutsches China-Büfett ohne Glutamat – einfach unvorstellbar.

Ich schnappe mir den Blumenstrauß und sehe aus den Augenwinkeln, wie mein Schwiegervater in einem sehr penibel gebügelten Anzug und adrett gestärktem Hemd aus dem Schlafzimmer herauskommt. Na, jetzt muss Mama aber zufrieden sein, denke ich. Auch der Gesichtsausdruck meines Schwiegervaters scheint sich entspannt zu haben.

»Deutsche Medizin ist wirklich wirksam«, teilt er mir etwas kryptisch mit.

Er streckt seinen Daumen in die Höhe und zeigt dann damit über seine Schulter nach hinten. Aus der Richtung des Elternschlafzimmers höre ich die Stimme meiner Mutter.

»Thomas, bist du noch da? Komm mal bitte her.«

Ich tue wie geheißen und sehe sie vor der geöffneten Hausapotheke stehen.

»Dein Schwiegervater hat sich selbst am Tablettenschränkchen bedient, als ich seinen Anzug gebügelt habe.«

In ihrer linken Hand hält sie eine Schachtel mit der roten Aufschrift *Milchsäure-Vaginalzäpfchen*. In der rechten Hand hat sie die farblich auffallend ähnliche Packung Kopfschmerztabletten. »Er hat ein Zäpfchen verschluckt. Und die sind nicht gegen Kopfschmerzen, so viel steht fest.«

An dem Gesichtsausdruck meiner Mutter kann ich nicht ablesen, ob sie darüber lachen oder weinen will. Ich jedenfalls lache laut los. Schaden wird ihm der Verzehr des einen Zäpfchens wahrscheinlich nicht und zumindest hat der Placeboeffekt seine Kopfschmerzen wirksam bekämpft.

***

Auch wenn wir die letzten Stunden in romantischen Posen am Teich verbracht haben, hat dieser Moment etwas Magisches. Ich stehe vor dem Altar und blicke auf die Hochzeitsgesellschaft. Alle haben sich herausgeputzt für diese so ganz besondere Hochzeit. In den vorderen Reihen sehe ich meine drei Brüder und zwei Schwestern, die versuchen, meine hibbeligen Neffen und Nichten im Zaum zu halten. Meine drei Brüder haben allesamt ihre Jugendlieben geheiratet. Diese sind alle in der Nachbarschaft aufgewachsen und zur Freude meiner Mutter natürlich vorbildliche Mütter und Hausfrauen. Und meine Schwestern natürlich ebenfalls. Etwas weiter hinten sitzen die Nachbarn und entferntere Verwandte. Als ich sehe, wie dann auf einmal die mit feinen Schnitzereien versehenen Holztüren der kleinen Kirche aufgehen und Liping zum Klang der Orgel am Arm ihres Vaters den bordeauxroten Teppich betritt, muss ich heftig schlucken. Nie hätte ich gedacht, dass die junge Frau, die mir auf der Party in Shanghai sofort auffiel, einmal meine Braut sein würde. Nicht nur, dass ich nie das Selbstbewusstsein gehabt hätte, sie von mir aus anzusprechen, sondern auch die Kulturunterschiede erschienen mir damals einfach zu groß. Hinzu kam ihr Vater, der so gar nichts von armen ausländischen Studenten als zukünftigen Schwiegersöhnen hielt.

Das alles ist in diesem Moment weit weg. Ich stehe hier am Altar meiner Heimatkirche, das Licht der Frühlingssonne bricht sich in den bunten Fenstern und lässt das weiße Brautkleid glitzern, als wäre es aus Abertausenden Kristallen hergestellt. Lipings schwarzes, mittellanges Haar ist zu einer eleganten Frisur hochgesteckt und ihr Gesicht wird von einem durchsichtigen seidenen Schleier bedeckt. Langsam, fast zögernd führt der Alte Zhu seine einzige Tochter an den strahlenden Hochzeitsgästen vorbei in meine Richtung. Sein Anzug sieht sehr ordentlich aus, und als sie an der Bankreihe vorbeigehen, in der meine Mutter sitzt, sehe ich, wie sie verstohlen, aber zielgenau, ein Staubkorn von seinem Ärmel zupft. Sie blickt unauffällig zu der neben ihr stehenden Lehrerin Wang. Die ist aber zu beschäftigt damit, mit ihrem Handy vertikale Erinnerungsvideos aufzunehmen, als dass sie Zeit hätte, auf ihren Mann oder auf die Mutter ihres Schwiegersohnes zu achten. Der Organist steckt seine ganze Kraft und Seele in den Hochzeitsmarsch und ich sehe, dass die Anwesenden die Anmut meiner Braut bewundern. Auch wenn die chinesische Hochzeit farbenfroh, laut und heiter war, in Sachen Romantik kann sie unserer westlichen Hochzeit nicht das Wasser reichen. Als die letzten Takte der Orgelklänge verstummt sind, schüttelt mein Schwiegervater mir beide Hände. Dabei vermeidet er es, mir in die Augen zu schauen, und als er an seinen Platz in der ersten Reihe eilt, sehe ich, wie er sich mit einer schnellen Handbewegung eine Träne aus den Augenwinkeln wischt. Nun steht Liping in ihrer ganzen Schönheit vor mir. Durch den Schleier sehe ich das Glänzen in ihren pechschwarzen Augen und ihre weinroten Lippen, die sich zu einem Lächeln kräuseln. Der Pfarrer geht an die Kanzel und die Gäste setzen sich. Die ganze kirchliche Zeremonie samt Predigt, Jawort und Kuss zieht wie im Traum an mir vorbei. Ein Moment jedoch berührt mich ganz besonders. Von meiner Mutter und meiner Schwiegermutter habe ich mir gewünscht, dass sie gemeinsam das *Hohelied der Liebe* aufsagen.

Nun stehen die beiden aufgeregt vor der Hochzeitsgemeinde und rezitierten auf Deutsch und Chinesisch den biblischen Text über die Liebe:

Sie erträgt alles, / glaubt alles, / hofft alles, / hält allem stand. Die Liebe hört niemals auf.
凡事包容。凡事相信。凡事盼望。凡事忍耐。
爱是永不止息。

Selbst für zwei Menschen aus demselben Kulturkreis ist es schwierig, über Jahre hinweg diesem Glaubenssatz treu zu bleiben. Doch gerade die erste Aussage über die Liebe bedeutet mir sehr viel. Die chinesische Übersetzung ist da viel treffender. Da geht es nicht um ein passives »Ertragen«, sondern um Toleranz und Nachsichtigkeit. Es ist für mich schwierig, eine Balance zwischen China und Deutschland, zwischen meiner alten und neuen Familie, zwischen meinen leiblichen Eltern und meinen Schwiegereltern zu finden. Und nun sitze ich hier auf meiner eigenen Hochzeit, neben mir meine chinesische Braut, und lausche meinen beiden Müttern, wie sie abwechselnd auf Deutsch und Chinesisch einen jahrtausendealten Text über die Liebe rezitieren, der mir so aktuell wie noch nie erscheint. Mein Vater sitzt neben dem Alten Zhu und beide schauen mit unverhohlenem Stolz auf ihre Ehefrauen. Auch wenn sie sich nicht unterhalten können, sehe ich, dass sie in diesem Augenblick mehr verbindet als trennt.

Als wir nach dem Ende des Gottesdienstes aus der Kirche kommen und die Gäste uns mit Reis bewerfen, schüttelt mein Schwiegervater mit dem Kopf. Auch wenn diese Tradition wahrscheinlich aus Asien kommt, so hat sie sich auf vielen deutschen Hochzeiten eingebürgert. So auch auf unserer.

»Wie kann man nur so verschwenderisch sein? Das habe ich ja noch nie erlebt.« Fassungslos schaut er auf die Reiskörner, die sich auf dem Kopfsteinpflaster und in den Ritzen auf dem Boden verteilen. »Wenn ich als Kind auch nur ein Reiskorn in der Schüssel übrig gelassen habe, dann setzte es von deiner Oma eine Tracht Prügel, Liping.«

»Aber Papa, das ist ein Fruchtbarkeitssymbol. Das müsste dir doch gefallen.«

Das tröstet ihn anscheinend ein wenig, denn er belässt es bei der Erklärung und durchsucht seine Anzugtaschen nach Zigaretten und Feuerzeug. Natürlich kann es als Lebensmittelverschwendung kritisiert werden, aber das Werfen von Reis auf westlichen Hochzeiten ist im Vergleich mit den chinesischen ein sehr bescheidenes Fruchtbarkeitssymbol. Auf unserer Hochzeit in Shanghai wurden uns Eier, Nüsse und andere Samen ins Bett gelegt. Ich habe Datteln gegessen, Kräutergemische geschluckt und Aromen inhaliert, die meine Testosteronwerte wahrscheinlich über jedes von Ärzten empfohlene Maß hinauskatapultiert haben. Mit dem deutschen Reiswerfen on top sollte es für uns kein Problem sein, meinen Eltern das Wasser zu reichen und mindestens sechs Nachkommen in die Welt zu setzen. Natürlich nur theoretisch. Die Ein-Kind-Politik in China ist zwar mittlerweile passé, die meisten chinesischen Eltern in den Großstädten rollen jedoch nur die Augen, wenn man sie auf ein potenzielles zweites Kind anspricht.

Die zuständigen Behörden versuchen inzwischen alles, um der drohenden Überalterung der chinesischen Gesellschaft Einhalt zu gebieten, aber nur relativ wenige Eltern sind dazu bereit, noch ein Kind zu bekommen. Die Lebenshaltungskosten in Städten wie Shanghai sind so hoch, dass man sich als Deutscher aus der Mittelschicht nur erstaunt die Augen reiben kann. Es beginnt mit den exorbitant hohen Immobilienpreisen und endet mit den jährlichen Gebühren für Kindergarten, Schule und Nachhilfeunterricht. Um das alles zu finanzieren, müssen meist beide Eltern arbeiten gehen. Das wiederum bringt das Problem mit sich, wer das Kind betreut. In der Regel sind das die Großeltern, die jedoch meist schon mit einem Kind überfordert sind und ihre eigenen Kinder oft anflehen, es bitte dabei zu belassen. Wenn der Nachwuchs männlich ist, braucht es zusätzlich eine vorzeigbare Wohnung als Mitgift für seine Hochzeit. Da kann man voll und ganz nachvollziehen, dass mehr und mehr junge Paare in China sich dazu entschließen, kein Kind oder maximal eins zu bekommen.

Mir persönlich ist es momentan egal, ob wir in ein paar Jahren eins oder acht kleine deutsch-chinesische Kinder haben werden. Erst einmal muss ich meine eigene Balance zwischen meiner deutschen und chinesischen Familie herstellen. Und das Mittel meiner Wahl sind weiße Tauben. Als schönes Ritual für unsere Hochzeit und gleichzeitig auch als Friedenssymbol.

Natürlich freuen sich meine Eltern sehr für mich und gehen auch in ihrer Gastgeberrolle auf, doch ich sehe manchmal schräge Blicke in Richtung meiner Schwiegereltern. Diese brauchen hier in Deutschland selbstverständlich mehr von meiner Aufmerksamkeit und außerdem haben sie nur eine Tochter. Ganz im Gegensatz zu meinen Eltern. Selbst wenn ihr jüngster Sohn in Zukunft weit weg von Zuhause in China lebt, so haben sie zumindest noch fünf weitere Kinder. Und von denen hat es bisher keines gewagt, über die Gemeindegrenze hinwegzuziehen. Alle wohnen fußläufig von meinem Elternhaus.

»Papa, Mama, kommt mal her!«, rufe ich jeweils einmal auf Deutsch und Chinesisch.

Meine Mutter ist gerade damit beschäftigt, den Kopfsteinpflasterboden mit einem Besen von den Reiskörnern zu befreien. Wo sie den so plötzlich herhat, ist mir ein Rätsel. Ich habe schon lange den Verdacht, dass sie in ihrer Handtasche ein Extrafach für ausziehbare Putzutensilien hat. Für den Sauberkeitsfimmel rheinischer Hausfrauen gibt es wohl keine Abhilfe. In unserer bergischen Heimat geht das Gerücht um, dass Hannelore Wasserfuhr, Gründerin des Oberbergischen Landfrauenverbands, nach ihrem Ableben in Vollmondnächten noch regelmäßig aus ihrer Ruhestätte steigt. Bewaffnet mit Hacke und Spaten, macht sie sich daran, das Unkraut im Beet vor ihrem Grabstein zu jäten und die ein oder andere Schnecke mit sich ins Reich der Toten zurückzunehmen. Zu ihrem Bedauern hat sie nur drei Söhnen das Leben geschenkt. Schon zu Lebzeiten hat sie sich Sorgen gemacht, ob diese in der Lage sein werden, ihr mit viel Mühe erarbeitetes Bild der vorbildlichen Landfrau zu erhalten, wenn sie nicht mehr da ist. Da nimmt sie auch nach dem eigenen Ableben das Unkrautjäten lieber selber in die Hand.

Der Alte Zhu hat anscheinend gerade ganz andere Sorgen.

»Wo sind sie denn hin?« Fragend schaut er seine Frau an.

»Heute morgen habe ich eine Packung Zigaretten und mein Feuerzeug in die Anzugtasche getan. Jetzt sind sie weg!«

 84

Ich schaue meine Mutter an, die mit unschuldiger Miene die letzten Reiskörner vom Kirchhof fegt, und weiß sofort, dass sie für das Verschwinden der Zigaretten zuständig ist. So hat sie ihn in einem Zug vor zwei Todsünden bewahrt: mit ungebügelter Kleidung in der Kirche zu erscheinen und dem Tabakkonsum zu frönen. Ich zwinkere ihr zu und sie zuckt arglos mit den Schultern.

Die sechs Tauben warten aufgeregt gurrend auf ihren anstehenden Einsatz. Die Zahl Sechs ist im Chinesischen aufgrund der gleichen Aussprache ein Symbol für »gut gemacht!« oder »super!«. Wenn mir in Shanghai also jemand die Zahl 666 schickt, dann nicht, weil er mir den Teufel an den Hals wünscht, sondern weil er mich loben will. Ich finde, Liping und ich haben durchaus ein Lob verdient: Wir haben die alten Strukturen in unseren Familien aufgebrochen und für mehr Farbe und Diversität gesorgt. Als Zeichen dafür sollen die sechs weißen Tauben ihre Runden über unseren Köpfe drehen. Wir stellen uns also in einer Reihe vor den großen geflochtenen Bastkorb, in dem die Vögel auf ihren Einsatz warten.

»Wo ist dein Papa?«, wende ich mich mit der wohlbekannten Frage an Liping.

Die schaut sich suchend um.

»Dahinten, mit dem Pfarrer.«

Ich sehe, wie mein Schwiegervater sich an die weiß verputzte Kirchenmauer lehnt und zusammen mit Pfarrer Odenthal genüsslich eine Zigarette pafft. Sie können sich zwar nicht verstehen, aber die gemeinsame Befriedigung der Nikotinsucht scheint ein geeignetes Mittel für die Völkerverständigung zu sein. Ich winke ihn zu uns herüber, er nickt dem Gottesmann freundlich zu und kommt in unsere Richtung.

»Scheint ja sehr wichtig zu sein, der Mann. Hat ja schließlich in der Kirche eine Rede gehalten, die länger gedauert hat als der Bau der Verbotenen Stadt.« Der Alte Zhu stellt sich rechts neben seine Frau. »Aber seine Zigaretten schmecken furchtbar. Ihr Deutschen habt keine Ahnung von Tabak.«

»Wir wären dann so weit«, gebe ich dem Fotografen und dem Taubenzüchter Bescheid.

So stehen wir alle nun adrett in einer Reihe. Liping und ich in der Mitte, meine Eltern links von mir und Lipings Eltern rechts von ihr. Ich sehe einen weißen Abdruck vom Putz der Kirchenmauer auf dem hinteren Schulterblatt des Anzuges meines Schwiegervaters, aber da er weit genug entfernt von meiner Mutter steht und es auf dem Foto nicht zu sehen sein wird, belasse ich es dabei.

»Ich mache jetzt den Korb auf und jeder nimmt eine Taube in die Hand. Bei drei lasst ihr sie gemeinsam fliegen.«

Der Taubenzüchter öffnet den Korb.

»Na, dann wollen wir mal.«

Meine Eltern greifen beherzt zu. Sie haben ihr Leben lang auf dem Land gelebt und keine Berührungsängste mit Federvieh jeglicher Art. Ganz im Gegensatz zu meinen Schwiegereltern aus der Großstadt.

»Die übertragen aber keine Krankheiten, oder?« Pikiert schaut Lehrerin Wang auf die Tiere und hebt eins mit großer Überwindung mit vier Fingerspitzen aus dem Korb.

»Tauben kommen in die Suppe, die nehme ich doch nicht in die Hand.« Der Alte Zhu schnäuzt sich und spuckt geräuschvoll auf den Boden.

»Komm Papa, das ist eine deutsche Hochzeitstradition. Nur fürs Foto.« Wir müssen noch Fotos mit der ganzen Familie und allen Gästen machen und so langsam knurrt mir auch schon der Magen.

Widerwillig greift er nach einer Taube und dreht sie in den Händen hin und her.

»Viel Fleisch ist sowieso nicht dran. Für eine vernünftige Suppe bräuchte man mindestens zwei davon.« Er deutet auf den Herrn mit dem Käppi auf dem weißen Haar. »Thomas, frag ihn mal, was zwei kosten. Wenn wir hiermit fertig sind, würde ich zwei fürs Abendessen mitnehmen. Ich mache ihm einen guten Preis.«

Der Taubenbesitzer schaut seine Schätzchen mit so viel Liebe an, dass ich darauf verzichte, ihm das Angebot meines Schwiegervaters auf Deutsch vorzutragen. Der Fotograf steht bereit, und bei »Drei« lassen wir ausgelassen beziehungsweise erleichtert die Tauben in den blauen Frühlingshimmel aufsteigen. Die Mittagssonne strahlt auf uns herunter und die um uns herumstehenden Hochzeitsgäste jubeln begeistert. Die Nachbarin Cäcilie hält ihren kläffenden Pudel in die Luft, so als solle er mit den Tauben mitfliegen. Mein ältester Bruder hält seine beiden klatschenden Töchter auf dem Arm. Meine anderen Neffen und Nichten toben um uns herum und mein Vater schüttelt dem Alten Zhu glücklich beide Hände. Für einen Moment haben alle die kulturellen Unterschiede, Nachbarschaftsstreitigkeiten und Kommunikationsschwierigkeiten vergessen und feiern unser deutsch-chinesisches Eheglück.

Bei der anschließenden Feier im Vereinsheim sehe ich, wie mein Schwiegervater skeptisch Bockwürstchen, kalte Minifrikadellen und den rheinischen Kartoffelsalat inspiziert. Er wirft die Hände in die Luft.

»Diese Deutschen – unglaublich! Werfen Reis auf den Boden und Tauben in die Luft. Und auf dem Esstisch, wo die eigentlich hingehören, nur Unmengen von Kartoffeln und Schweinefleisch.«

Seine Frau häuft sich unbeeindruckt die Leckereien vom Büfett auf ihren weißen Porzellanteller. Sie hat ihren Auftritt in der Kirche gehabt, viel Lob für ihre *Qipao* bekommen und die meisten Fotos sind sowieso schon im Kasten. Da kann das Kleid in der Bauchregion ruhig ein bisschen spannen. Ihr Mann nimmt sich ebenfalls einen Teller vom Stapel, ist aber immer noch sehr unbeeindruckt vom deutschen Hochzeitsbüfett.

»Ich habe dich vorgewarnt, meine Liebste. Das haben die doch im Fernsehen gesagt: Im Gegensatz zu uns haben die hier wirklich keine Kultur. Weder eine Esskultur noch sonstige.«

***

Den Bauch voll mit Schnitzel, Hochzeitstorte und Liebe sitzen Liping und ich am späten Abend nach der Feier im Wohnzimmer meines Elternhauses. Auf eine Fortsetzung des Abends mit Freunden und Trauzeugen haben wir müde verzichtet. Das ist erst einmal genug Hochzeit für die nächsten Jahrzehnte, und ein bisschen Jetlag steckt uns immer noch in den Knochen. Meine Eltern sind dabei, die letzten Gäste zu verabschieden und das Vereinsheim wieder auf Vordermann zu bringen. Lipings Eltern haben es sich auf der gelben Ledercouch bequem gemacht und starren beide mit ausgestrecktem Arm auf die Handys vor sich. Meine dreifach angetraute Braut und ich sitzen auf dem weichen Teppichboden. Vor uns liegt ein Berg eingepackter Geschenke und daneben ein kleinerer Haufen mit Geldgeschenken und Glückwunschkarten in Briefumschlägen.

»Das war doch ein toller und romantischer Tag, oder, Schatz?«

Ich habe die glänzenden Lackschuhe ausgezogen und verarzte gerade die Blase, die die neuen Schuhe bei ihrem ersten und wahrscheinlich vorerst letzten Einsatz hinterlassen haben. Das weiße Hemd und die schwarze Anzughose habe ich noch an, nur die Fliege habe ich gelockert, um ein bisschen besser Luft zu bekommen. Liping hat sich gänzlich ihres Hochzeitskleides entledigt und fühlt sich sichtlich wohler in ihrem Pyjama.

»Das stimmt. Es war echt schön. Aber so langsam reicht es mir mit dem Heiraten. Drei Mal müsste eigentlich genug sein.«

Sie schmiegt sich an mich, als ihr Blick auf ein großes Paket fällt, das in grünes Papier mit silbernen Sternen eingepackt ist. Sie zieht es aus dem Berg mit den Geschenken heraus und beginnt, es auszupacken.

»Das ist zu 100 Prozent von meinen Eltern.«

Dieses Geschenkpapier kenne ich noch aus meiner Kindheit. Zu meiner Grundschulzeit habe ich meine Mutter in der Adventszeit auf eine ihrer vielen Einkaufstouren in den Großmarkt begleitet. Vier heranwachsende Jungs und zwei Töchter wollten durchgefüttert werden, der Kühlschrank und Vorratsschrank waren nach frischer Befüllung gefühlt über Nacht wieder ratzekahl gegessen. Und so schoben wir nun die zwei XXL-Einkaufswagen vorbei an den riesigen Regalen voller Paletten mit Erbsen in Konservendosen und Milch in 10-Liter-Eimern. Als Managerin eines 9-Personen-Haushalts (meine Eltern, sechs Kinder und meine Oma) und Hüterin der Haushaltskasse war und ist meine Mutter eine Schnäppchenjägerin, die ihresgleichen sucht. Als wir in der Weihnachtsabteilung ankamen, hievte sie erst ein 100er-Pack Dominosteine und zehn verpackte Christstollen auf den Wagen und steuerte dann zielgerichtet auf eine Palette mit großen Pappkartons zu. Darauf klebte ein großer gelber Stern mit dickem rotem Rand. In ungelenken Buchstaben hatte ein Marktmitarbeiter *SONDERANGEBOT* daraufgeschrieben und für das

Paket mit 250 Rollen Geschenkpapier einen Preis von nur *149,- DM anstatt 249,- DM* ausgerufen. Meine Mutter hat noch eine Schulbildung genossen, bei der Kopfrechnen und nicht der Taschenrechner das Mittel der Wahl war. Immer wenn sie im Supermarkt etwa 30 Sekunden lang regungslos vor einem Preisschild verharrt, ihre Stirn sich in Falten legt und sie die Augenlider halb schließt, weiß ich, dass ihr innerer Abakus im Einsatz ist. Damals rechnete sie vermutlich aus, was eine Rolle des Geschenkpapiers kostete, zu wie vielen Gelegenheiten im Jahr sie es gebrauchen konnte und wie lange es halten würde. Ich mit meinen Grundschul-Mathekenntnissen überschlug die Rechnung nur so grob, dass ich mir sicher war, dass mindestens 50 Rollen noch Bestandteil der Erbmasse meiner Eltern werden würden. Meine Mutter kam anscheinend zu einem befriedigenden Ergebnis.»Okay.« Da Geschenkpapier in der Regel nicht essbar ist, würde seine Halbwertszeit im Hause Derksen um einiges länger sein als die von Lebensmitteln. Sie nickte mir zu und ich half ihr, den Karton zwischen Weihnachtsgebäck und 20 Tetrapacks Orangensaft zu packen.

Neben dem großen, langen Paket entdecke ich ein kleines in der gleichen grünen Ummantelung. Das Muster hat meine Mutter geschickt ausgewählt, muss ich zugeben. Es mutet zwar weihnachtlich an, kann aber bei anderen Gelegenheiten gerade noch so als neutral durchgehen. Liping hat nun das Geschenk ausgepackt, das den Geschenkpapiervorrat meiner Mutter um mindestens 1,5 Rollen dezimiert hat. Sie ist vom Teppich aufgestanden, steht aufrecht da und schaut erstaunt an dem über ein Meter langen Bügelbrett mit dem blau-weißen Veilchenmusterbezug auf und ab. Ich reiche ihr das dazu passende Bügeleisen, das ich gerade aus der Verpackung geholt habe.

»Tja«, grinse ich listig, »jetzt musst du die fleißige Hausfrau spielen.« Passend dazu zeige ich auf einen Stapel gefalteter, karierter Küchenhandtücher, die ein Hochzeitsgast mit einer rosa Seidenschleife dekoriert hat. »Da kannst du direkt mal üben, Liping.«

Ihre hübschen schwarzen Augen funkeln mich böse an und sie packt das Bügeleisen wieder in die Verpackung.

»Ihr Deutschen seid echt anstrengend.«

Mit Blick auf meinen Schwiegervater, der schnarchend auf der Wohnzimmercouch eingeschlafen ist, erwidere ich den Vorwurf nickend.

»Ihr Chinesen aber auch.«

KAPITEL 4

WIE RINDERROULADEN AUF DEN HUND KOMMEN

»Und ihr wollt wirklich eine ganze Woche lang weg sein? Ihr habt doch noch gar nichts von Marienheide gesehen.«

Die Küche ist erfüllt vom Duft des Sauerbratens, den meine Mutter gerade aus dem Ofen gehoben und in der Mitte des Tisches platziert hat. Auf dem Herd brodeln die Kartoffelknödel im Kochtopf und auf der Herdplatte nebenan blubbert der Rotkohl seiner Vollendung entgegen. Ich sehe, wie meine Schwiegereltern mit leeren Augen auf die zwei Kilo besten Rinderschmorbratens vor sich starren. Die rheinischen Bratengerichte mit Kartoffeln und schweren Soßen, die meine Mutter am liebsten auftischt, machen den chinesischen Mägen unserer kleinen Reisegruppe schwer zu schaffen. Meine Schwiegermutter flüstert mir verzweifelt zu:

»Ich habe in den letzten Tagen bereits drei Kilo zugenommen.«

Das kleine Bäuchlein, das sich, zum ersten Mal seit ich sie kenne, unter ihrer Bluse abzeichnet, bestätigt dies. Da hilft es auch nicht, 30-mal am Tag die Treppe rauf und runter zu laufen.

»Ich schlafe unheimlich schlecht. Du kannst dir nicht vorstellen, was für Träume ich mit vollem Magen habe. Das deutsche Essen macht mich fertig«, stöhnt mein Schwiegervater und verabschiedet sich in Richtung Toilette, bevor das Mittagessen überhaupt begonnen hat.

»Ja, Mama, Lipings Eltern wollen schließlich etwas von Europa und Deutschland sehen. Wenn sie schon die weite Reise auf sich genommen haben.«

Das ist außerdem eine gute Gelegenheit, sie in andere regionale Küchen Deutschlands und Europas einzuführen und zu beweisen, dass wir hier wohl so etwas wie eine Esskultur haben. Denn so wie die chinesische Küche nicht nur aus gebratenen Nudeln besteht, gibt es in Deutschland ja viele andere Gerichte als Sauerbraten mit Knödeln. Doch bevor wir uns an etwas leichteren deutschen Gerichten wie Frankfurter Grüne Soße mit Ei oder einem echten Berliner Döner erfreuen können, steht uns dieses letzte Mittagessen bei Mama bevor. Ihr lebenslanges Ziel war und ist es, dass Gäste, die ins Haus Derksen kommen, es mindestens zwei Kilo schwerer verlassen und dass ihr Fleischhunger für drei Wochen gestillt ist. Gestern habe ich sie extra gebeten, einen Gang zurückzuschalten. Sie hatte schon angekündigt, dass es zum Abschied die Leibspeise meines Vaters, den Sauerbraten nach Omas Art, geben würde.

»Mama, kannst du morgen vielleicht mal was kochen, das nicht frittiert oder fettig ist? Ich glaube, wir alle wollen mal etwas Leichtes essen.«

Zu meinem Erstaunen freute sich meine Mutter:

»Ach klar, dann mache ich neben dem Braten noch was anderes. Wollte sowieso ein paar Sachen dünsten. Das liegt dann nicht so schwer im Magen.«

Gleichzeitig mehrere Gerichte zuzubereiten ist für meine Mutter keine Herausforderung. Als unsere Nachbarin Mariele, die Schriftführerin der Landfrauen, im Februar des letzten Jahres Füllfederhalter und Staubwedel endgültig aus der Hand gelegt hatte, hat meine Mutter aus ihrem Haushalt den alten Ofen übernommen (»Falls wir mal mehr Gäste haben«). Der steht nun im Heizungskeller und kommt immer dann zum Einsatz, wenn die Zahl der Gäste zweistellig wird und ein Gericht in den Augen meiner Mutter nicht ausreicht, um alle satt zu bekommen. Ich sah, wie sie die unzähligen Kochrezepte durchstöberte, die allesamt nach Kategorien geordnet in ihrem Gedächtnis abgelegt sind. Noch nie bin ich Zeuge davon geworden, dass meine Mutter ein Kochbuch in der Hand hatte.

»Und ein bisschen Gemüse wäre auch schön.«

»Wird gemacht, mein Jüngster.«

Nun sitzen wir also andächtig um den Sauerbraten versammelt wie die Israeliten um das Goldene Kalb.
»Macht euch keine Sorgen, meine Mama hat auch noch etwas leicht Verdauliches gekocht.«
Der Alte Zhu ist wieder da und ich sehe einen kleinen Hoffnungsschimmer in seinen schwarzen Augen. Da wuchtet meine Mutter zwei überdimensionale Töpfe auf den Tisch und wischt sich die feuchten Hände an ihrer Schürze ab.
»Ihr wolltet ja was Gedünstetes. Heute habe ich die leckersten Dampfnudeln des ganzen Rheinlands gemacht.«
Liping lacht leise auf.
»War ja klar, dass deine Mutter unter ›etwas Leichtes‹ etwas ganz anderes versteht als wir.«
»Wo ist das Gemüse?«, raunt mein Schwiegervater mir zu.
Als hätte sie ihn verstanden, kündigt meine Mutter feierlich an: »Und jetzt das Gemüse!«
Sie hievt eine mächtige Schüssel auf den Tisch. In der 10-Liter-Edelstahl-Schüssel erkenne ich sofort Mamas berühmten Kartoffelsalat. Der besteht hauptsächlich aus Kartoffeln, Fleischwurst und Mayonnaise. Da Kartoffeln in China nicht zum Gemüse zählen, blicken meine Schwiegereltern mit weit aufgerissenen Augen auf die paar einsamen Erbsen, die grünlich durch das Gelb des Kartoffelsalats schimmern.
»Dann einen guten Appetit allerseits. Lasst es euch schmecken!« Synchron stöhnen Lehrerin Wang und der Alte Zhu auf. »Die Gäste bitte zuerst.« Erwartungsvoll schaut die Köchin den Besuch an. »Ach, wenn ihr so schüchtern seid, dann bediene ich euch halt.«
Gesagt, getan. Mit geübter Hand schnappt sie sich die zweizinkige Fleischgabel und das große Schneidemesser. Sie schneidet ein mächtiges Stück vom Braten ab und nickt dem Alten Zhu auffordernd zu.

»Nur die Hälfte, bitte.«

Mit einer Handbewegung durchschneidet er einmal längs die Luft.

»Na gut, man kann niemanden zu seinem Glück zwingen«, sagt die verschmähte Köchin etwas schnippisch.

»Für mich bitte kein Fleisch«, Lehrerin Wang bedeckt mit beiden Händen ihren leeren Teller.

Die Melodie eines chinesischen Klassikers ertönt plötzlich in meinem Kopf. »Ich habe am meisten Angst davor, wenn die Luft erfüllt ist mit Stille.« Denn das heißt in den meisten Fällen nichts Gutes. Und die Luft in der warmen Küche meines Elternhauses ist heute mit einer solchen Stille erfüllt, dass es scheint, als würde selbst die ovale Küchenuhr sich bemühen, besonders leise zu ticken. Das erste Geräusch nach einer gefühlten Ewigkeit ist das Klirren, als meine Mutter das metallene Besteck auf den Porzellanteller vor sich legt. Sie presst die Lippen aufeinander, blinzelt, schaut auf den Braten und schluckt zwei Mal sehr geräuschvoll.

»Na, dann. Esst ihr doch erst mal.« Sie steckt ihre Hände in die Vordertasche ihrer Schürze. »Ich, äh, habe noch eine Ladung Wäsche in der Waschmaschine.«

Und schon ist sie raus aus der Küchentür und stapft laut die Treppe hinab in Richtung Heizungskeller. Wenn meine Schwiegermutter in China kocht, drängt sie auch immer die Gäste, mehr zu essen. Und wenn diese höflich ablehnen, fragt sie leicht beleidigt, ob das Essen nicht schmeckt. Das ist aber eigentlich nur eine kleine Show und dient dazu, zu zeigen, dass man reichlich gekocht hat und alle Gäste wirklich satt geworden sind. Wirklich beleidigt ist niemand. Im Gegensatz zu meiner Mutter.

»Alles in Ordnung mit ihr?« Liping schaut ein wenig erstaunt zwischen Küchentür und Sauerbraten hin und her.

»Die beruhigt sich schon wieder.« Mein Vater ist der Einzige, der sich unverdrossen sein Leibgericht munden lässt.
»Ich schaue mal nach ihr.«

Als ich im Heizungskeller ankomme, sehe ich, wie meine Mutter gerade ein weißes Bettlaken in die Mangel nimmt, als wolle sie ihren ganzen Frust an dem Wäschestück auslassen. Als sie mich bemerkt, versucht sie mich anzulächeln.
»Na, so schnell schon satt?«
Ich nehme den großen Wäschekorb von der Waschmaschine, drehe ihn um und setze mich links neben den gelb lackierten Heizungsboiler.
»Mama, es ist nicht so, dass denen dein Essen nicht schmeckt, sie sind so viel Fleisch einfach nicht gewohnt.«
Sie holt zwei bunte Wäscheklammern aus dem Stoffbeutel und hängt das Laken auf die Leine.
»Als ihr in China wart, habt ihr ja auch nichts von der Schildkrötensuppe und den gedünsteten Seegurken probiert. Dafür hat mein Schwiegervater ein halbes Vermögen ausgegeben.«
»Hmmmhm.« Sie blickt sich um, und als sie keine Wäsche mehr finden kann, schaut sie mich an. »Aber meinen Sauerbraten hat bisher noch niemand verschmäht. Selbst Tante Erikas Nachbarn in Bielefeld haben letzte Woche nach dem Rezept gefragt.«
»Ich liebe deinen Sauerbraten ja auch. Und daran wird sich nie etwas ändern.«

***

Nachdem wir gestern auf das Abendessen verzichtet und eine Verdauungsrunde durch den Laubwald am Rande des Dorfes gedreht hatten, wurden wir mit einem tiefen und ausgeglichenen Schlaf belohnt. Den brauche ich auch, denn heute gehen unsere Flitterwochen mit Familienanhang erst so richtig los. In aller Frühe habe ich den Mietwagen abgeholt, einen weinroten Siebensitzer. »Wir brauchen unbedingt einen großen Wagen, das ganze Gepäck muss schließlich da reinpassen.«

Obwohl wir mit relativ leichtem Gepäck aus China angereist waren, musste ich nur an die geplanten Besuche in Ying-Ge-Er-Shi-Ta-Te und Lu-Er-Meng-De denken, um zu wissen, worauf Liping anspielte, als ich den Wagen aussuchte.

Auch meiner Mutter gefällt die Größe des Wagens. Schon am frühen Morgen hat sie den überdimensionalen Picknickkorb aus dem Abstellraum geholt und abgestaubt. Ihre heutige Mission ist es, dafür zu sorgen, dass wir auf dem Weg zu unserer ersten Station, Berlin, auf keinen Fall Gefahr laufen den Hungertod zu sterben. Während sie nun in der Küche Hefegebäck, hart gekochte Eier, selbst gemachte Frikadellen und Hähnchenkeulen in den Korb packt und ich am Tisch sitze und einen zweiten Kaffee trinke, steht der Alte Zhu neben dem Wasserkocher, um den für ihn wichtigsten Wegproviant vorzubereiten – Tee.

Der Wasserkocher brodelt laut und stößt jede Menge Dampf aus. Mein Schwiegervater greift mit einer Hand nach dem Kocher und mit der anderen nach seinem Glasthermobecher Dann schreitet er mit leicht angewinkelten Armen wie ein Gewichtheber mit zwei Hanteln in der Hand zur Fensterbank am anderen Ende der Küche. Wahrscheinlich wirken sich die Sonnenstrahlen, die durchs Küchenfenster ins Haus fallen, positiv auf die Entfaltung des Teeblatt-Aromas aus, anders kann ich mir den Positionswechsel nicht erklären. Sein Verhältnis zum Tee ist jedenfalls eine Wissenschaft für sich und würde mit Sicherheit genug Stoff für eine Dissertation bieten. Den nächsten Moment sehe ich wie in Zeitlupe. Mein Schwiegervater balanciert vorsichtig die zwei Gefäße durch den Raum. Mittlerweile hat meine Mutter den Picknickkorb fertig gepackt. Er scheint mindestens acht Kilo schwer zu sein, denn sie hebt ihn beidhändig und mit einem leichten Stöhnen von der Anrichte. Mit einem kleinen Schwung dreht sie sich nach rechts um die eigene Achse, um das Proviantpaket in den Flur zu bringen. Das Drehmoment gerät aber ein wenig außer Kontrolle, denn der Korb stößt gegen die linke Hand meines Schwiegervaters, in der sich sein heiß geliebtes Teeglas befindet. Er neigt sich nach dem Schubser nach rechts, wo das Gewicht des vollen Wasserkochers ihn noch mehr hinunter und zur Seite zieht. Von seinen Reflexen gesteuert, versucht er, sein Gleichgewicht wiederzufinden, doch der Korb streift ihn so an den Fingern der linken Hand, dass er sie leicht lockert und das Glas in einer geraden Linie hinunter auf den Fliesenboden rutscht. Ich reiße meine Augen und mein Schwiegervater seinen Mund auf. Wenige Millisekunden später zerspringt das Glas mit einem Klirren in tausend Stücke. Wie vom Blitz getroffen verharren wir drei reglos. Nach einer gefühlten Ewigkeit ist der Alte Zhu der Erste, der sich rührt. Er stellt den Wasserkocher auf der Anrichte ab und hält sich mit schmerzverzerrtem Gesicht beide Hände vor die linke Brust. Er hat sich nicht am Glas geschnitten, nein, diese Verletzung geht, wenn auch unsichtbar, viel tiefer. Meine Mutter hat inzwischen Besen und Kehrichtschaufel zur Hand genommen. Und schon wieder ertönt diese summende Melodie in meinem Kopf. Eine weitere Runde im Duell Eltern-Schwiegereltern ist eingeläutet. Und ich stehe als Schiedsrichter dazwischen. Es war nur ein Missgeschick meiner Mutter, aber für den Alten Zhu ist es eine Katastrophe. Sie schaut ihn an und zuckt mit den Schultern:

»So schlimm ist es ja nicht. Wir Deutschen sagen: Scherben bringen Glück! Das ist doch ein gutes Zeichen für eure bevorstehende Reise.«

Entgeistert schaut mich der Alte Zhu an, als ich ihm die Trostworte übersetze. Mir scheint fast, als stünden ihm Tränen in den Augen.

»Wir fahren sieben Tage durch Europa und mein Thermobecher ist kaputt! Das ist eine Katastrophe und hat mit Glück rein gar nichts zu tun.« In seinen schwarzen Augen sehe ich eine Mischung aus Verzweiflung und Wahnsinn. »Ich werde verdursten. Mein Verdauungstrakt wird zerstört. Das ist der schlimmste Tag meines Lebens.«

Inzwischen ist meine Schwiegermutter, durch den Lärm und das anschließende Aufheulen ihres Mannes alarmiert, zu uns in die Küche geeilt.

»Frau, hast du eine Auslandskrankenversicherung für mich abgeschlossen? Wenn ich nicht jeden Tag zwei Liter von meinem grünen Tee bekomme, werde ich krank. Ich glaube, es geht schon los. Meine Stirn ist ganz heiß.«

Erschöpft lässt er sich auf den Boden zwischen die Scherben sinken. Er nimmt den Plastikdeckel, der bis auf einen Riss den Sturz unbeschadet überlebt hat, in die Hand. Mit einem Hemdsärmel wischt er sich den Schweiß von der Stirn. Meine Mutter hält mit dem Fegen inne und schaut sich das Drama mit einem sowohl neugierigen als auch verständnislosen Gesichtsausdruck an. Ihr ist nicht bewusst, dass sie gerade Zeugin oder vielmehr Verursacherin des Super-GAUs für jeden chinesischen Ü-50er geworden ist. Freunde und Familie mögen kommen und gehen, doch der gläserne Thermobecher ist ein lebenslanger treuer Wegbegleiter. Dieses auf den ersten Blick so kalte Produkt aus Kalk, Sand und Soda hat einen ganz besonderen Platz in ihrem Alltag. Im Laufe seines Lebens bekommt das Glas mehr zärtliche Berührungen zu spüren als der Ehepartner es auch nur zu träumen wagt. Sorgsam werden darin als erste Amtshandlung am frühen Morgen Teeblätter, Wolfsbeeren oder chinesische Datteln mit heißem Wasser aufgefüllt. Bei Treffen mit Freunden werden die Gläser in Sachen Qualität, Preis-Leistung und Warmhaltedauer verglichen. Damit ihre gläsernen Lieblinge auch nicht frieren und besser transportabel sind, investieren viele ältere Chinesen in kleine Leinensäckchen mit praktischer Trageschlaufe. Die gibt es auch in gehäkelter Form und sie sind so etwas wie kleine Mäntelchen für die zylinderförmigen Behälter. Ob sie nun auf dem Weg zum Morgensport, zum Angeln oder zum Restaurant sind: An einer Hand schlackert immer der kleine Beutel mit dem wohltuenden Getränk, allzeit bereit, die Kehle des Trägers mit einer leicht bitteren Feuchte zu benetzen. Gesüßter heißer Tee ist in China ein Sakrileg. Zucker würde all die heilenden Kräfte des Getränks nur zerstören.

Und nun sitzt mein Schwiegervater im wahrsten Sinne des Wortes im Scherbenhaufen seines Lebens. Ihm stehen eine große Reise und viele Stunden Autofahrt bevor. Das wird er ohne Thermobecher nicht überleben.

»Dann kaufen wir morgen halt ein neues Glas«, versuche ich ihn zu beruhigen.

»Wie, morgen? Jetzt sofort. Du fährst mich auf der Stelle in die Stadt.«

Er hat sich wieder aufgerichtet, denn es ist Land in Sicht. Das gibt meiner Mutter die Gelegenheit, die restlichen Scherben aufzukehren. Mit sanftem Druck schiebt sie den Alten Zhu aus der Küchentür hinaus, um ihres Amtes zu walten.

»Das kann ich gerne machen. Aber du wirst heute nirgendwo einen neuen Becher bekommen. Heute ist Sonntag. Alle Läden sind geschlossen.«

Ich sehe, wie sich Ratlosigkeit und Enttäuschung auf seinem Gesicht breitmachen. Dann kommt noch Wut dazu: »Ich wusste es doch. Ihr Deutschen seid allesamt ein faules Pack. Habt die Hälfte des Jahres Urlaub, und dann sind am Sonntag auch noch alle Geschäfte geschlossen. Kein Wunder, dass es mit eurem Land wirtschaftlich bergab geht. Wärt ihr nur halb so fleißig wie wir Chinesen, dann würden andere Länder euch auch wieder respektieren!«

In einem Punkt hat er recht: Wenn man die Ladenöffnungszeiten als Kriterium heranzieht, sind wir Deutschen tatsächlich um einiges entspannter als die Chinesen. Als ich dem Schuhverkäufer meines Vertrauens einmal erzählte, dass Bekleidungsgeschäfte in meiner Heimat in der Regel um 20 Uhr schließen und am Sonntag gar nicht geöffnet haben, hielt er fassungslos mit dem Einräumen der neuen Lederschuhkollektion inne.

»Entweder seid ihr schon alle zu reich oder gar nicht am Geldverdienen interessiert.« Mit einem weißen Tuch polierte er die ohnehin glänzenden Lackschuhe in seiner Hand. »Ich mache den meisten Umsatz am Wochenende und zwischen 21 und 23 Uhr. Wenn ich um 20 Uhr den Laden dichtmachen würde, würde meine Frau mich nicht ins Haus lassen.«

In der chinesischen Service-Industrie sind Arbeitstage von bis zu zwölf Stunden keine Seltenheit, sei es nun werktags oder am Wochenende. Mein Frisör zum Beispiel hat nur vier Tage im Monat zur freien Verfügung und arbeitet an den restlichen in Vollzeit. Zum Ausgleich dafür interessiert es die Vorgesetzten nicht, wenn man sich die Arbeitszeit mit den neuesten Promi-News und Kurzvideos totschlägt, solange keine Kunden im Laden sind. Natürlich haben wir Deutschen eine andere Arbeitsmentalität und Feierabend und Wochenende sind uns heilig. Zu Recht. Denn ein Leben, das nur aus

Arbeit und Geldverdienen besteht, ist in meinen Augen sehr bemitleidenswert.

»Uns geht es eben nicht immer nur ums Geld, sondern genauso um Lebensqualität.« Das ist eine gute Gelegenheit, dem Shanghaier Geschäftsmann mal meine Meinung zu sagen, mit der ich sowieso viel zu lange hinter dem Berg gehalten habe. »Ich habe keine Lust, mich mein ganzes Leben lang zu versklaven, nur um Leute zu beeindrucken, die ich eh nicht mag.«

Erstaunt schaut der Alte Zhu mich an. So hat er seinen Schwiegersohn noch nie gesehen.

»Ich fahre lieber mein ganzes Leben lang Fahrrad und wohne im Zelt, als mich von morgens bis abends – und am Wochenende – abzurackern!«

Ich habe keine Lust zu diskutieren und verlasse an meiner Mutter und Schwiegermutter vorbei die Küche, um Liping zu suchen. Sie ist in der zweiten Etage und schließt gerade den letzten Koffer.

»Was war denn bei euch da unten los?«

Ich versuche meinen Ärger herunterzuschlucken, um ihre gute Laune nicht zu verderben. Schließlich freut sie sich sichtlich auf die bevorstehende Tour. Sie summt eine Pop-Ballade vor sich hin und betrachtet sich noch einmal im Spiegel.

Als ich auch nach einigen Minuten nicht antworte, schaut sie mich fragend an.

»Alles in Ordnung? Können wir los?«

Da kann ich mich nicht mehr halten.

»Von mir aus könnt ihr gerne los, ich mache nicht mehr mit. Ich habe keine Lust, mit einer Familie verheiratet zu sein. Ich will nur mit dir zusammen sein. Da zerdeppert dein Vater seinen Thermobecher, und jetzt sind wir faulen Deutschen daran schuld.«

Bevor Liping mich trösten kann, hören wir die unerwartet fröhlich klingende Stimme ihres Vaters aus dem Flur.

»Liping, Thomas, wir können loooos!«

Ich laufe die Treppe hinunter und sehe zu meinem Erstaunen, wie mein Schwiegervater sich im Flur mehrmals vor meiner Mutter verbeugt:

»Dang-ke, dang-ke!«

In der Hand hält er ein Glas mit der Aufschrift *Gewürzgurken – knackig & würzig*.

»Ich habe ja den Thermobecher von Lipings Papa zerschlagen. Und du weißt ja, dass ich nichts wegschmeiße, was man noch irgendwann gebrauchen kann. Also habe ich ihm ein Gurkenglas für seinen Tee gegeben. Das ist besser als jedes Thermoglas – und kostet keine müde Mark.«

Da hat meine Mutter, die rheinische Hausfrau, unsere Europareise erst fast zunichtegemacht und schlussendlich doch noch gerettet.

»Ach, ich habe noch eine Idee.«

Sie kramt im Garderobenschrank und findet zwischen Mützen und Schals schnell das, wonach sie gesucht hat. Triumphierend hält sie ein Stück dunkelblauen Stoff in die Höhe. Ich erkenne darin ein Stirnband aus meiner Kindheit, mit dem aufgestickten giftgrünen Dinosaurier. Sie nimmt dem Alten Zhu noch mal das Gurkenglas aus der Hand, streift das Stirnband um die dickste Stelle des Glases und macht einen Knoten hinein. Ihr Fauxpas hat ihr offenbar ein schlechteres Gewissen bereitet, als ich gedacht hätte.

»So verbrennst du dir nicht die Finger.«

Auch wenn er kein Deutsch versteht, weiß er sofort, worauf sie hinauswill. Überglücklich nimmt er sein neues Trinkgefäß mit beiden Händen entgegen und lächelt den Brachiosaurus zufrieden an. Er geht in die Küche und stellt das Glas behutsam auf der Anrichte ab. Dann holt er andächtig einzelne Teeblätter aus seiner Blechdose. Ihnen wird die Ehre zuteil, Bestandteil des Einweihungstees im noch jungfräulichen Gurkenglas zu sein. Zu den Blättern gibt er langsam heißes Wasser und mit einem zufriedenen Seufzer schraubt er den grünen Deckel zu.

Wir sitzen im Leihwagen und ich habe gerade den Rückwärtsgang eingelegt, da ist der Alte Zhu auch schon auf dem Beifahrersitz eingenickt. Der ereignisreiche Morgen scheint ihn sehr ermüdet zu haben. Mit der rechten Hand hält er sich am Haltegriff fest, die linke liegt behütend auf dem Glas, das zwischen uns im Getränkehalter seinen Platz gefunden hat. Die beiden Damen unserer Reisegesellschaft haben es sich auf der Rückbank bequem gemacht und ich drücke auf das Gaspedal, um uns mit Schwung in diese so einzigartigen Familienflitterwochen zu befördern. Am Spiegel hängend verströmt ein Wunderbaum den Geruch *Grüner Apfel* und das rotbraune Teewasser schwappt im Rhythmus der Fahrt über die bergischen Pflastersteine hin und her. Unser erster geplanter Zwischenstopp auf dem fast 600 Kilometer langen Weg nach Berlin ist Hannover. Diese deutsche Großstadt, die in China vermutlich nicht einmal die Bezeichnung »Stadt« verdient hätte, ist ein Sinnbild Deutschlands, wie es seinesgleichen sucht. In China gibt es 102 Städte mit mehr als einer Million Einwohner. Die meisten Chinesen können wahrscheinlich nicht einmal zehn davon aufzählen. Auch wenn es die Heimat eines urdeutschen Autobauer-Dinosauriers, diverser Altkanzler und -präsidenten ist, verschwindet Hannover mit seinen rund 500.000 Einwohnern in der globalen Bedeutungslosigkeit. Dazu kommt eine Innenstadt, mit der sich so mancher Betonbauer ein goldenes bzw. graues Näschen, aber sicherlich keinen Preis für geschmackvolle Architektur verdient hat. Wenn man nach der »langweiligsten Stadt Deutschlands« googelt, dann spuckt die Suchmaschine – oh Wunder! – als erstes Ergebnis Hannover aus. Zumindest haben die Hannoveraner eines vorzuweisen – reines Hochdeutsch. Außerdem ist es der Wohnort von Onkel Uwe und Tante Birgit. Sie sind zwar nicht mit mir verwandt, aber seit meiner Kindheit Freunde meiner Eltern und für mich immer nur Onkel und Tante. Als Onkel Uwe erfuhr, dass ich samt chinesischer Familie nach Deutschland komme, durchkreuzte er mit einem Anruf meinen Plan, der A 2 folgend einen weitläufigen Bogen um Hannover zu machen.

»Ich muss deinen Schwiegereltern unbedingt mal echtes deutsches Essen vorsetzen«, hatte er mir engagiert am Telefon angeboten.

Ich willigte mit dem Hintergedanken ein, dass das nach der schweren rheinischen Kost ja nicht schaden könnte.

Auf der Fahrt denke ich an Spinat, ich denke an Rotkraut mit Apfel, ich denke an Grünkohl, der in China kaum bekannt und deshalb vergleichsweise teuer ist. Das wird eine Abwechslung sein zu der Kost in meinem fleischliebenden und gemüsescheuenden Elternhaus. Ich nehme die Ausfahrt mit der Beschilderung *Hannover-Flughafen*. Beruhigend zu wissen, dass es noch eine Verkehrsalternative gibt, um dieser Stadt zu entfliehen.

»Das ist also eure Hauptstadt.«

Der Alte Zhu ist erwacht und blickt missbilligend aus dem Fenster, als wir durch eine 30er-Zone vorbei an abwechselnd rot und gelb geklinkerten Einfamilienhäusern fahren. Diese unterscheiden sich nur darin, dass die Eingänge entweder durch Buchsbaumhecken abgeschirmt sind oder mit einem neumodischen Steingarten verschandelt wurden.

»Nein, Papa, das ist nicht Berlin, das ist Hannover. Wir sind doch hier zum Mittagessen eingeladen.« Und da verkündet die freundliche weibliche Navi-Stimme bereits, dass sich unser Ziel auf der linken Seite befindet. Ich fahre auf den moosbedeckten grau gepflasterten Hof des Hauses mit der Nummer 13 und sehe, wie Reika, die Schäferhündin der Familie, am Gartenzaun auf und ab springt, um uns zu begrüßen.

»Ah, Hitler, Hitler!«, begrüßt mein Schwiegervater den Hund, nachdem er ausgestiegen ist.

Er hat im chinesischen Fernsehen eine Dokumentation über Hitler und seine Hündin Blondi gesehen und war ganz begeistert. Überhaupt bin ich so einigen chinesischen Männern begegnet, meist Taxifahrern, auf die die deutsche Geschichte eine seltsame Faszination ausübt. Das liegt wahrscheinlich daran, dass sie sowieso sehr an Militär- und Kriegsgeschichte interessiert sind. Neben dem Shoppingkanal ist der Zweitlieblingssender meines Schwiegervaters der, der 24 Stunden am Stück Dokumentationen, Nachrichten und Analysen zu aktuellen und historischen Kriegsgeschehen liefert. Die Gespräche über die deutsche Geschichte verlaufen aber meist schnell im Sande, wenn ich meine chinesischen Gegenüber darüber aufkläre, dass für die damaligen Machthaber alle Volksgruppen, inklusive der Chinesen, minderwertig und den »Germanen« untergeordnet waren. Zum Glück sind Hunde resistent gegen jedwede Ideologie. Sei es nun Blondi oder Reika. Letztere begrüßt den Besuch aus China begeistert.

»Also hätte Hitler so einen schönen Hund wie Reika gehabt, dann hätte er den Krieg bestimmt gewonnen.«

Liebevoll streichelt er der Schäferhündin über den Kopf. Fröhlich schütteln sich dann Tante, Onkel und Schwiegereltern die Hände – und damit es mit der Fröhlichkeit auch so bleibt, übersetze ich all das, was mein Schwiegervater so unüberlegt von sich gibt, nicht oder nur sehr vage ins Deutsche. Mit glänzenden Augen weist der Alte Zhu immer wieder auf die muskulöse grau-braune Hündin. Da es schon Mittagszeit ist, wird Birgit ein wenig nervös:

»Er mag Hunde aber nur als Haustiere, oder?«

Manchmal ist es echt anstrengend, zwischen den Kulturen zu stehen. Unablässig muss ich den Chinesen erklären, dass Hitler kein bewundernswerter Führer war und den Deutschen, dass nur sehr wenige Chinesen tatsächlich Hundefleisch essen.

»Birgit, wusstest du, dass es Gegenden in der Schweiz gibt, wo die Einheimischen regelmäßig Hunde und Katzen essen? Vor allen Dingen im Rheintal und Appenzell. Ich habe gehört, dass Hundebraten mit Thymian und Rosmarin besonders lecker sein soll. Also, wenn ihr das nächste Mal in die Schweiz fahrt, würde ich Reika lieber zu Hause lassen.«

Ich habe meine Hausaufgaben gemacht. Der Fakt, dass es in der Schweiz im Gegensatz zu allen anderen europäischen Nachbarländern erlaubt ist, Hunde und Katzen zu essen, und es Menschen tatsächlich tun, hat noch jeden Deutschen verstummen lassen. Tatsächlich hat die überwältigende Mehrheit der Chinesen noch nie Hundefleisch gegessen und verurteilt diese Praxis. In vielen Gegenden Chinas ist der Verkauf und Verzehr von Hundefleisch gesetzlich verboten. Gerade in Großstädten wie Shanghai gibt es immer mehr Hundebesitzer, die ihre kleinen und großen Lieblinge mehr vergöttern als alles andere. Es gibt Haustiermärkte, Hundesalons und Katzencafés an allen Ecken. Es gibt Vereine für Adoption und Tausende Menschen, die sich für das Tierwohl engagieren. Hundefleisch sucht man vergeblich auf den Speisekarten in Chinas Großstädten des 21. Jahrhunderts. Als das geklärt ist, läuft Reika wieder in den Garten und wir setzen uns im

Esszimmer an den Tisch aus Spanplattenholz, der mit seiner gräulichen Farbe die Küche im Vorort Hannovers noch trister wirken lässt.

»Na gut, wir essen heute Rindfleisch. Das mögen bestimmt alle.« Mit diesen Worten befördert Uwe eine schwere gusseiserne Pfanne auf den Tisch. »Es gibt Rinderrouladen, gefüllt mit sauren Gurken und Mettwurst in Biersoße.«

Als ob die schwarzbraune Farbe der verbrannten Rouladen nicht schon ausladend genug wäre, schwimmen diese außerdem in einem Sud aus Fett und der Zugabe von naturtrübem Hannöversch Pilsener Bier.

»Alles frisch und regional. Die Reise hat euch bestimmt hungrig gemacht. Greift zu!«

»Nicht so viel«, quiekt Lehrerin Wang, als sie sieht, wie ihr Gastgeber neben der Roulade Salzkartoffeln und Rotkohl auf ihren Teller häuft.

»Es ist genug für alle da. Wer einen Nachschlag will, soll sich bitte melden.«

Nun sitzen meine Schwiegereltern da und bearbeiten die trotz des großzügigen Einsatzes des lokalen Bieres staubtrockenen Rouladen höflich mit Messer und Gabel. Für sie ist die Benutzung westlicher Essenswerkzeuge sowieso schon eine Herausforderung, und dann ist die Roulade auch noch zäh wie eine Schuhsohle. Während wir um jeden Bissen froh sind, der es nach langem Kauen schließlich schafft, durch die Speiseröhre den Magen zu erreichen, klärt Uwe uns über die Attraktionen seiner Heimat auf:

»... und dann haben wir noch den Erlebniszoo und das Maschseefest. Das ist das größte Seefest Deutschlands! Also, Hannover ist immer eine Reise wert.«

Seine kulinarischen Kreationen sind für uns jedenfalls ein weiterer Grund dafür, alle Autobahnausfahrten, die uns noch näher nach Hannover bringen könnten, geflissentlich zu ignorieren.

»Na, euch scheint es ja zu munden.« Auch Tante Birgit scheint unter einer ausgeprägten Wahrnehmungsstörung zu leiden. »Ich hole mal schnell Nachschub.« Sie erhebt sich und verschwindet in der Küche.

»Und ich besorge uns noch ein paar kühle Pils zum Nachspülen aus dem Keller«, verabschiedet sich Onkel Uwe. Das ist die Gelegenheit für uns. »Wie werden wir das Zeug hier los? Also, ich bekomme keinen Bissen mehr hinunter.«

Die zähen Rouladen sind eine Herausforderung für den Alten Zhu, der sonst immer einen guten Appetit an den Tag legt. Da ist unter dem Tisch plötzlich ein Gähnen zu hören. Wenn die Roulade nicht zum Hund kommt, dann muss der Hund eben zur Roulade kommen. Durch den Duft angelockt, hat Reika ihren Schlafplatz im Garten mit dem unter dem Tisch eingetauscht. Dort kann sie das Nützliche mit dem Angenehmen verbinden. Denn alles Essbare, das mit oder ohne Absicht unter den Tisch fällt, ist ein willkommenes Zubrot zu ihrer schnöden Trockenfutterdiät. Heute hat sie das ganz große Los in der Hundefutter-Lotterie gezogen. Mein Schwiegervater pikst mit seiner Gabel die Rinderroulade mit der Mettwurst-Saure-Gurken-Füllung auf und lässt diese mit einem vorsichtigen Blick in Richtung Kellertreppe und Küchentür unter dem Tisch verschwinden. Reika lässt sich nicht zweimal bitten und schlingt sie mit einem Happen und ohne zu kauen hinunter.

»Pssst, Lehrerin Wang«, mein Schwiegervater stupst seine Frau an. Die kaut seit fünf Minuten auf demselben Bissen herum. »Gib mir das Zeug. Der Hund liebt es.«

Meine Schwiegermutter blickt sich ebenfalls um. Reika hockt schon neben ihr und hat erwartungsvoll die Zunge rausgestreckt. Innerhalb von Sekunden ist der Inhalt ihres Tellers im Rachen der alten Hündin verschwunden. Das gleiche Schicksal ereilt all das, was Uwe auf meinen und Lipings Teller gepackt hat.

»Können wir uns darauf einigen, den Rest unserer Reise nur noch in China-Restaurants zu essen? Mir wird übel, wenn ich auch nur an deutsches Essen denke«, flüstert Liping mir zu.

»Ach, wie gut, dass ich noch mehr gemacht habe. Ihr habt ja alles fein aufgegessen.«

Während Birgit mit einer weiteren Ladung Fleisch und Beilagen ins Esszimmer kommt, leckt sich Reika genussvoll die Lefzen und ich schiebe die Reste von Biersoße und Kartoffeln auf meinem Teller hin und her und schließlich in den Mund. Die Hündin hat wohl genug und schleppt sich langsam in Richtung Vorgarten, wo sie sich für einen Verdauungsschlaf auf den sonnenbeschienenen Rasen legt.

Nachdem wir höflich, aber außerordentlich nachdrücklich Tante Birgits Angebot zu einem Nachschlag abgelehnt haben, hat sie es sich nicht nehmen lassen, die übrig gebliebenen 20 Rouladen in eine überdimensionale grüne Tupperdose zu packen.

»Bis Berlin ist es weit und kalt schmecken die besonders gut.« Als wir am späten Nachmittag aufbrechen, packe ich die Dose auf den Rücksitz, damit sie auf dem nächsten Rastplatz direkt griffbereit ist für eine schnurstracke Beförderung in die Abfalltonne. Wir verabschieden uns herzlich von den beiden. Reika zeigt nichts von der Energie, die sie bei unserer Ankunft versprüht hat. Sie sitzt nur lethargisch neben Birgit, als wir vom Hof fahren. Als Letztes sehe ich im Rückspiegel, wie die arme Schäferhündin vornübergebeugt in den Steingarten vor dem Haus kotzt.

KAPITEL 5

UND WO IST JETZT EURE MAUER?

»Himmel, Arsch und Zwirn. Will der mich verhohnepipeln? Kommt hier mit 'nem Gurkenglas rein und will heißes Wasser haben. Und dann noch nicht mal bezahlen! Ich rufe gleich die Polizei!«

Noch nie habe ich so eine erzürnte Kassiererin gesehen. Wir befinden uns irgendwo zwischen Magdeburg und Berlin auf einem Rastplatz mit dem sperrigen Namen Irxleben/Hohenwarsleben. Ich werde gerade Zeuge davon, wie mein chinesischer Schwiegervater von einer recht beleibten Dame ins Gebet genommen wird. Kleinlaut und hilfesuchend ist er aus dem Tankstellenhäuschen gelaufen und hat mich von der Zapfsäule in den Verkaufsraum gezogen.

»Die Frau macht mir Angst. Ich wollte doch nur heißes Wasser haben.«

Er weiß nicht, was er falsch gemacht hat, und dreht nervös das Gurkenglas in seiner Hand hin und her. Nachdem er dessen Inhalt schlückchenweise auf der Fahrt geleert hatte und für einen Obolus von einem Euro auf der Raststättentoilette wieder dem Wasserkreislauf zugeführt hat, braucht er natürlich Nachschub für den Rest der Strecke. Auf der Suche nach seinem Lebenselixier hat er die Kaffeemaschine mit Heißwasserspender hinter der Kasse erblickt. Er hat der Kassiererin durch Gesten klargemacht, dass sie das Glas bis zum Rand vollmachen soll. So hat sie also drei Mal auf den Knopf gedrückt.

»Drei Mal Teewasser à 3,50 Euro. Das macht 10,50 Euro zusammen.«

Ich weise meinen Schwiegervater in Richtung Ausgang, in der Hoffnung, dass er nicht sieht, wie ich sein Glas heißes Wasser mit einem 20-Euro-Schein bezahle. Er sieht es aber trotzdem.

»Ihr Deutschen seid doch verrückt. Wir leben im 21. Jahrhundert. Kein Mensch hier spricht Chinesisch, die Taxifahrer akzeptieren nur Bargeld, und die hier ...«, von der Tür aus zeigt er auf die Kassiererin, die mir gerade das Wechselgeld reicht, »... und diese Dame hier verlangt umgerechnet fast 100 Yuan für ein einziges Glas heißes Wasser.« Er schüttelt unentwegt den Kopf. »Und dann werft ihr uns Chinesen vor, dass wir viel Geld für Handtaschen und Uhren ausgeben! Ich begreife es nicht.« Noch bedächtiger als sonst nimmt er einen Schluck des hochpreisigen Tankstellenwassers. »Ach ja, und Geld fürs Pinkeln wollt ihr auch haben! Das muss man sich mal vorstellen.«

Wahrscheinlich um seine Blasenkapazität nicht allzu sehr auszureizen, schraubt er den Deckel fest aufs Gurkenglas. Bevor ich erwidern kann, dass die meisten meiner Landsleute eine saubere Toilette einer kostenlosen vorziehen, klingelt mein Handy.

»Thomas, seid ihr schon weit weg? Du musst zurückkommen.«

Kann nicht ein einziges Telefonat mit meiner Mutter normal beginnen? *Wie geht's euch? Ja, danke uns auch. Das Wetter ist gut und das Essen ist lecker. Gut, dann bis zum nächsten Mal. Wiederhören!* Ist das zu viel verlangt? Stattdessen steigt mein Puls automatisch auf 145, wenn ich auf dem Handybildschirm die Festnetznummer meiner Eltern sehe. Drama habe ich schon genug auf meinen Flitterwochen.

»Mama, wir sind fast in Berlin. Was ist denn passiert?«

»Eine Katastrophe!«

Soll ich einfach so tun, als hätte ich keinen Empfang? Das ist eine in Deutschland sehr glaubwürdige Ausrede. In China hingegen nicht. Egal wie tief in die Provinz man fährt, auf jedem Reisfeld und jedem staubigen Feldweg hat man vollen Empfang und 4G-Internet.

»Ihr habt euren Reiseproviant zu Hause stehen lassen.«

Tante Birgits Rinderrouladen haben mir jeden Gedanken an Essbares für die nächsten 48 Stunden unerträglich gemacht. Da stehen Mamas Frikadellen und hart gekochte Eier auf meiner Prioritätenliste ganz weit unten.

»Wir haben uns bei Tante Birgit und Onkel Uwe sehr satt gegessen.«

Wenn man »satt« als Synonym für »man bekommt keinen Bissen mehr hinunter« verwendet, ist das keine Lüge.

»Ich habe eine Idee. Papa und ich waren noch nie in Berlin. Im Gegensatz zu deinen Schwiegereltern haben *wir* niemanden, der uns durch die Gegend kutschiert.«

Ein leichter Kopfschmerz macht sich bemerkbar. Da war sie wieder, die Eifersucht, dass man den verlorenen jüngsten Sohn mit anderen teilen muss.

»Wenn wir uns jetzt gleich auf den Weg machen, könnten wir mit dem ICE heute Abend in Berlin sein. Das wäre doch toll! Eine gemeinsame Reise mit deiner chinesischen *und* deutschen Familie.«

Ja, so toll, dass ich es mir gar nicht vorstellen möchte. Als ob die Hochzeitsreise mit Anhang nicht anstrengend genug für mich wäre. Ich werde nicht zulassen, dass Liping und ich Babysitter für zwei weitere eifersüchtige Kinder in Körpern von Senioren spielen müssen.

»Mama, das ist wirklich zu spontan und wir bleiben ja nur einen Tag lang in Berlin. Das lohnt sich nicht für euch.«

Ich höre ein beleidigtes Schnaufen am anderen Ende der Leitung.

»Na, dann werden deine armen Eltern sich wohl die nächsten Tage von kalten Frikadellen und Kaffee aus der Thermoskanne ernähren, die ich mit Liebe für euch zubereitet habe. Pass bloß auf, eines Tages werden wir uns in Marienheide noch zu Tode langweilen! Aber amüsiert euch prächtig.«

Mein Blick fällt auf unseren Mietwagen, der seit 20 Minuten über den Zapfhahn mit der Tanksäule verbunden ist.

»Mama, ich bin an der Tankstelle. Hier darf man nicht telefonieren und wir müssen sowieso weiter. Genießt die Ruhe alleine zu Hause!«

Ich lege auf, genieße ebenfalls meinen letzten Moment Ruhe, bezahle unsere Tankfüllung und steige ins Auto.

»War ja nicht alles schlecht, was euer Hitler so gemacht hat. Das musst du zugeben.« Wir sind seit fünf Minuten wieder auf der Autobahn und die Tachonadel bewegt sich stetig zwischen 140 und 160 km/h. »Vierspurige Autobahnen und sogar ohne Tempolimit.«

Der Mythos, dass Hitler der Schöpfer der deutschen Autobahn war, hält sich nicht nur in China wacker.

»Die erste Autobahn wurde unter Konrad Adenauer gebaut, und zwar schon 1932.«

Das muss er wahrscheinlich erst einmal sacken lassen, denn ich bekomme von meinem Schwiegervater nur ein langes Schweigen als Reaktion. Plötzlich schnarcht er so laut auf, dass ich fast gegen die Leitplanke rechts neben mir gedonnert wäre. Er hat nicht über eine schlagfertige Antwort nachgedacht, sondern ist einfach nur weggenickt. Wahrscheinlich hat die Geschwindigkeit auf deutschen Autobahnen eine hypnotisierende Wirkung auf chinesische Reisende, denn auch meine Frau und ihre Mutter schlafen tief und fest auf der Rückbank. Durch den Rückspiegel sehe ich, dass die beiden wie zwei Vogelbabys, die darauf warten, von ihrer Mutter gefüttert zu werden, die Köpfe in den Nacken gelegt und den geöffneten Mund in Richtung Himmel gestreckt haben. Die Frühlingssonne sendet ihre letzten Strahlen durch die Heckscheibe und geht schließlich ganz unter. Die Scheinwerfer leuchten mir den Weg in Richtung Berlin. Im Radio verkündet der enthusiastische Nachrichtenmoderator, dass keine Verkehrsmeldungen vorliegen, und auch der Blick auf die leere Autobahn vor mir zeugt davon, dass wir uns auf dem Weg in die deutsche und nicht in die chinesische Hauptstadt befinden. Zu keiner Tages- und Nachtzeit würde man so eine leere Autobahn in und um Peking vorfinden. Um der sich immer mehr zuspitzenden Verkehrslage Herr zu werden, haben die zuständigen Behörden sich unzählige Maßnahmen ausgedacht. Einerseits werden die öffentlichen Verkehrsmittel massiv ausgebaut. Die U-Bahn-Netze in Shanghai und Peking zählen jetzt schon zu den längsten und meistfrequentierten der Welt. Jeden Morgen quetschen sich Hunderttausende Berufstätige Rücken an Rücken, oder, wenn man es vorzieht, Bauch an Bauch wie die Sardinen in der Dose in die U-Bahn und beginnen ihren Arbeitstag in den unzähligen unterirdischen Röhren der Großstadt. Und trotzdem kämpfen oberirdisch massenhaft Vehikel um jeden freien Zentimeter auf den verstopften Straßen. Das führt dazu, dass die wichtigsten Straßen zu festgelegten Uhrzeiten für Autos, die kein lokales Pekinger Nummernschild haben, gesperrt werden. Man stelle sich das in Deutschland vor! Wenn ich mit meinem Gummersbacher Kennzeichen nach Berlin fahre, wäre mir von 7 bis 11 Uhr und ab 15 bis 20 Uhr verboten, Berlins Straßen zu benutzen. Nun wird der findige Autofahrer denken: »Dann melde ich mein Auto doch einfach in Berlin an – und schwupps, bin ick een Berliner.« Das ist schlau gedacht, nur leider recht unrealistisch für die meisten. In der chinesischen Hauptstadt belaufen sich die Kosten für ein Nummernschild auf umgerechnet etwa 10.000 – 15.000 Euro. Noch mal in Worten: zehn- bis fünfzehntausend Euro. Für uns unvorstellbar. Die meisten chinesischen Autobesitzer sind tatsächlich bereit, für ihre

Mobilität noch einmal den Preis eines Kleinwagens für ein Nummernschild auszugeben. Und selbst wenn man so viel Geld übrighat, ist ein solches noch nicht garantiert. Denn die verfügbaren neuen Nummernschilder werden per Lotterie ausgegeben. Wenn man also in Chinas Großstädten die Vorzüge eines Automobils genießen möchte, muss man nicht nur reich sein, sondern auch Glück haben. Das führt dazu, dass viele Autobesitzer gezwungenermaßen das neue Auto jahrelang nur als Dekoration auf dem Parkplatz nutzen können, bis das Glück ihnen hold ist und ihnen eins der heiß begehrten blau-weißen Blechschilder beschert. Einen Ausweg aus der Misere gibt es jedoch: In ihrem Bemühen, die Elektromobilität zu stärken, geben die Behörden für Elektro- oder Hybridautos kostenlose grüne Nummernschilder aus. Nun reicht es also, nur ein Vermögen für einen Tesla auszugeben, das Nummernschild bekommt man gratis dazu. Aber auch bei der Sache gibt es einen Haken, denn die Warteliste für Elektroauto-Nummernschilder in Peking beträgt sieben Jahre.

Das alles ist aber in diesem Moment weit weg. Mit einem deutschen Nummernschild, das wahrscheinlich irgendetwas zwischen 20 und 30 Euro gekostet hat, schnurre ich über den schwarzgrauen Asphalt der leeren deutschen Autobahn.

Als Helene Fischer gerade auf dem Höhepunkt ihres anscheinend nicht totzukriegenden Hits »Atemlos durch die Nacht« angekommen ist, sehe ich aus dem Augenwinkel, dass der Alte Zhu wach geworden ist. *Das* deutsche Kulturgut des 21. Jahrhunderts scheint ihm zu gefallen. Lachend summt er die Melodie mit, und irgendwie fängt die Tour mit unserer kleinen chinesischen Reisegruppe an, mir ein wenig Spaß zu machen.

***

»So, Mama, und jetzt noch den rechten Fuß ein bisschen weiter nach vorne und das Kinn nach oben.«

Mit schmerzender Hüfte und verkrampften Armen stehe ich verrenkt auf der Ostseite des Brandenburger Tores. In meiner Hand halte ich das Mobiltelefon meiner Schwiegermutter und höre, wie Liping mir und ihren Eltern Regieanweisungen gibt. Ich habe meine Schwiegereltern bereits einzeln wie auch zusammen in 65 verschiedenen Posen fotografiert. Mal waren die Beine zu kurz, mal das Gesicht zu dunkel und dann wieder hatte ich den Pferden der Quadriga auf dem Bauwerk die Köpfe abgeschnitten. Ich richte mich auf und strecke und dehne mich ausgiebig.

»Das ist gut. Das bearbeite ich noch ein kleines bisschen, dann ist es perfekt. Ich mache schnell deine Haut heller und deine Augen etwas größer, Mama, und dann kannst du es wirklich problemlos posten.«

Liping ist anscheinend mit mindestens einer meiner 284 Aufnahmen zufrieden. Und damit erlischt das Interesse meiner chinesischen Familie an dem so symbolträchtigen Berliner Bauwerk auch schon. Ich habe das Gefühl, das alleinige Ziel von Auslandsreisen vieler chinesischer Touristen ist es, sich vor so vielen Sehenswürdigkeiten mit Wiedererkennungswert wie möglich zu fotografieren. Geschichtliche Hintergründe zum Brandenburger Tor? Damit kann man keinen beeindrucken. Lokale Delikatessen? Das kann nur schiefgehen. Dann lieber Altbekanntes und -bewährtes in China-Restaurants in Berlin, Mailand und Paris. Obwohl mir nach den kulinarischen Genüssen der letzten Tage der Sinn auch mehr nach gedünstetem Fisch mit Ingwer und Zwiebeln, sautiertem Spinat mit Knoblauch und einer leckeren Hühnersuppe mit Mu-Err-Pilzen (die auf Deutsch auch den sympathischen Namen *Judasohr* haben) steht.

Auf einmal höre ich ein Geschnatter auf Hochchinesisch, Kantonesisch und im Shanghaier Dialekt. Neben uns hat sich eine große Reisegruppe in drei Reihen aufgestellt. Der Reiseführer steht mit dem Rücken zu uns vor der Gruppe und hält beide Hände in die Luft. Nachdem Ruhe eingekehrt ist, ertönt ein lautstarkes *Hao lai da di di dooooooooo* aus der Kehle des kurzgewachsenen Mannes mit der schwarzen Bürstenfrisur und der altmodischen Brille auf der Nase. Der Mittfünfziger steht vor einer Gruppe Chinesen, die alle eine orange Kappe mit einer chinesischen und deutschen Aufschrift tragen. Von meinem Platz aus kann ich diese nicht entziffern. Der Fremdenführer und Kapellmeister in Personalunion schwenkt seinen Regenschirm wie einen Taktstock. Begeistert jodeln 50 chinesische Senioren aus voller Kehle *Hao lai da di di dooooooooo* als Antwort zurück. Als ungeplantes Begleitinstrument höre ich das unablässige Klingeln der entnervten Berliner Radfahrer, die sich zwischen Passanten und dem Chor hindurchschlängeln müssen.

»Dit is ja zum Mäusemelken mit denen! Ick will hier durch. Kommt, macht'n Abjang!«

Ich will dem Radfahrer gerne erklären, dass die beste Strategie bei den Menschenmassen in China ist, sich kommentarlos durchzukämpfen. Man kann bei 1,4 Milliarden Mitbürgern einfach nicht auf jeden Einzelnen Rücksicht nehmen. Er sollte es wie die Chinesen selbst machen. Sich mit stoischer Ruhe und ausgefahrenen Ellbogen einen Weg durch die Menge bahnen. Als hätte er meine Gedanken gelesen, sieht der Radler ein, dass seine Erziehungsmaßnahmen erfolglos sind. Er seufzt auf, steigt vom Rad und schiebt es ein paar Meter um die Reisegruppe herum.

Ich habe das Gefühl, dass in China das Verhältnis der verschiedenen Verkehrsteilnehmer zueinander wesentlich entspannter ist als in Deutschland. Natürlich gibt es auch Kollisionen, aber grundsätzlich scheint jeder seinen Frieden damit gemacht zu haben, dass es unmöglich ist, jeden seiner Landsleute zu erziehen. Wenn ein Auto auf dem Gehweg parkt, dann gehe ich als Fußgänger eben auf den Fahrradweg, der Fahrradfahrer dort macht einen Schlenker auf die Straße um mich, das Auto dahinter schert auf die Gegenfahrbahn aus und das Auto auf der Gegenfahrbahn dann auf den Fahrradweg und das Fahrrad dort wiederum auf den Gehweg. Sollte der unwahrscheinliche Fall eintreten, dass dort auch noch ein Fußgänger ist, muss der sich in einen Hauseingang flüchten. So sind im Endeffekt alle (bis auf den letzten Fußgänger) vorangekommen und man spart, im Gegensatz zum Berliner Radfahrer, Energie und Zeit. Denn die jodelnden Damen und Herren aus dem Fernen Osten haben dem schimpfenden Zweiradfahrer nicht ein Quäntchen Aufmerksamkeit geschenkt. Sie hängen an den Lippen ihres Reiseführers und lauschen gespannt, was er ihnen über die Musik der DDR referiert. Er hat einen mobilen Verstärker dabei, aus dem auf Knopfdruck eine bekannte Melodie ertönt. Und dann werden wir Zeugen davon, wie eine Gruppe Touristen vom anderen Ende des Globus auf der Ostseite des Brandenburger Tors stehend die chinesische Version von Peter Maffays »Über sieben Brücken musst du gehen« zum Besten gibt.

»Ich brech zusammen, das sind sie.«
Ich stupse Liping an.
»Das ist wer?«
»Na, die Jodel-Troubadoure! Guck doch mal, das steht auf ihren Schirmmützen.«

Ich hatte den richtigen Riecher gehabt. Es wäre die perfekte Reisegruppe für meinen Schwiegervater gewesen. In der Mitte der zweiten Reihe des Troubadouren-Chores sehe ich die

Dame, die am Heißwasserspender am Shanghaier Flughafen mit dem Alten Zhu zusammengeprallt ist. Sie genießt den Moment sichtlich. Mit geschlossen Augen und ausgebreiteten Armen singt sie: »Manchmal bin ich schon am Morgen müd / manchmal such ich Trost in einem Lied.« Eine leichte Müdigkeit hat sich auch bei mir eingestellt. Es ist erst der zweite richtige Reisetag und in meinem Hinterkopf spielen sich immer noch Inselurlaubsszenen mit meiner lieben Frau ab. Ich überlege, den Reiseführer beiseitezunehmen, ihm heimlich das Geld für zwei weitere Reiseteilnehmer zuzustecken und mich mit Liping hinter der nächsten Currywurstbude auf und davon zu machen.

»Guck mal, meinem Papa gefällt's tatsächlich.«

Der Alte Zhu hat sich inzwischen zu der Gruppe gesellt, lauscht andächtig dem Gesang und nippt immer wieder an seinem Gurkenglas. Auch die kurze Bekanntschaft vom Flughafenwasserspender erkennt ihn wieder und nickt ihm freundlich zu.

»Das wäre jetzt die perfekte Gelegenheit abzuhauen, Liebste.« Ich lege Liping meinen Arm um die Hüften. »Deine Eltern könnten eine Woche lang europäische Kultur genießen und wir beide unsere Ruhe.«

»Wie weit ist es bis zum Flughafen? Wenn wir uns beeilen, sind wir heute Abend schon in Griechenland.« Liping scheint mittlerweile auch mit dem Konzept »Flitterwochen zu zweit« zu liebäugeln.

Doch natürlich bringe ich es nicht übers Herz. Als die Gruppe zusammen mit Peter Maffay über die letzte der sieben Brücken gegangen ist, versuche ich den Alten Zhu von der Gruppe wegzuziehen.

»Lass uns weitergehen. Wir wollen noch in den Tiergarten.«

123

Doch er reagiert nicht. Er stellt sich neben den Reiseführer und hebt die Stimme. Ich muss zugeben, er hat eine angeborene Autorität, schließlich ist er ja neben diversen anderen Funktionen Inhaber der siebtgrößten Fahrschule im Norden Shanghais. Sofort verstummt das freudige Geschnatter der Gruppe vor ihm. »Freunde«, – er hält das halb volle Gurkenglas in der rechten Hand und weist damit auf mich – »das ist mein deutscher Schwiegersohn, sein chinesischer Name ist Afu. Er kann auch ein chinesisches Lied singen.« Seine Landsleute sind begeistert, ein Deutscher, der nicht nur Chinesisch sprechen, sondern auch singen kann!

»Toll, sing es uns vor, Afu!«

Der Reiseführer klatscht im Takt in die Hände und die restlichen Jodel-Troubadoure rufen im Chor: »Afu, Afu, Afu!«

Ich packe meinen Schwiegervater am Arm und stapfe entschlossen mit ihm auf die Westseite und außer Hörweite der Gesangsreisegruppe. So weit kommt es noch. Ich werde ganz bestimmt nicht vor dem Brandenburger Tor einer chinesischen Reisegruppe ein Ständchen zu ihrer Belustigung darbringen.

»Du bist ein Langweiler.« Er verschränkt beleidigt die Arme, wendet seinen Blick von mir ab und betrachtet lieber das Hinterteil der Siegesgöttin Viktoria über uns. »Hätte ich vorher gewusst, dass es so tolle Reisegruppen gibt, wäre ich bestimmt nicht mit euch mitgefahren.« Er geht ein paar Schritte auf das Tor zu. »Und der Reiseführer spricht wenigstens *vernünftiges* Chinesisch.«

Nach der Episode bestimme ich, dass die Zeit reif ist für eine Versöhnungs-Currywurst. Wir schlendern ein paar Straßen weiter, bis uns ein kräftiger Curry- und Pommesfettgeruch verrät, dass wir da sind. Die Berliner Currywurst ist das erste deutsche Gericht unserer Reise, das allen ausnahmslos zusagt. Es gibt wohl niemanden auf der Welt, dem diese würzig-fettige Kombination aus Wurst, Pommes und Soße nicht schmeckt.

»Wir sollten eine Currywurstbude in China aufmachen. Das wird ein Hit!«

Den Geschäftssinn hat meine Frau von ihrem Vater geerbt. Der lehnt an der metallenen Budenwand und pikst mit einer gelben Plastikgabel die Berliner Delikatesse auf. Als er den Vorschlag seiner Tochter hört, stellt er die Papierschale auf den weißen Stehtisch vor sich.

»Ich investiere. So eine Hütte kostet ja nichts und die paar Zutaten auch nicht.«

Wenn der Plan Realität wird, dann wäre Zhu Laoban, der Vorgesetzte Zhu, nicht nur ehemaliger Distrikt-Polizist, Inhaber der siebtgrößten Fahrschule im Norden Shanghais und stellvertretender Schriftführer des Mah-Jongg-Clubs PENG PENG 1994, sondern außerdem Besitzer der ersten Currywurstbude in ganz China, vielleicht sogar ganz Ostasien. Das würde seinem Image einen völlig neuen Glanz verleihen.

Doch bevor wir die Currywurst-Pläne für den chinesischen Markt weiter elaborieren, wollen wir erst einmal den sonnigen Tag in der grünen Lunge der deutschen Hauptstadt genießen. Vorbei an kleinen Seen, großen Rasenflächen und Parkbänken, auf denen Obdachlose ein Mittagsschläfchen halten, schlendern wir durch den Großen Tiergarten.

»Komisch, dass keiner hier die Strolche verscheucht. In Shanghai würde man so was nicht zulassen.«

»Na ja, für uns sind Parks öffentliche und freie Plätze. Da kann jeder tun und lassen, was er will. Solange er sich an Recht und Gesetz hält.«

»Aber wer kontrolliert das denn? Ich sehe weder Sicherheitspersonal noch Videokameras.«

Das stimmt. Im Gegensatz zu uns Deutschen haben die meisten Chinesen ein sehr hohes Kontroll- und Sicherheitsbedürfnis. Wenn ich in einen Shanghaier Park möchte, muss ich an mindestens drei Sicherheitsleuten vorbei, die am Eingang kontrollieren, ob ich einen fahrbaren Untersatz, Feuerwerkskörper oder einen Hund dabeihabe. Ja, die meisten Parks in Shanghai bleiben Hunden verwehrt. Das soll verhindern, dass andere Parkbesucher sich von ungezogenen Vierbeinern oder deren Ausscheidungen belästigt fühlen. Am Eingang und im ganzen Park verteilt hängen Videokameras, die das Treiben der Besucher beobachten. Das gleiche Bild bietet sich in Wohngebieten und öffentlichen Plätzen. Natürlich sorgt das für mehr Sicherheit und Ordnung. Selbst wenn sich kaum jemand abends oder nachts alleine in einen Berliner Park traut, so bin ich mir doch sicher, dass es einen großen Aufschrei gäbe, wenn plötzlich Einlasskontrollen und mehr Videoüberwachung eingeführt würden. Der Preis dafür sind nun mal zwielichtige Gestalten hinter Büschen und gebrauchtes Drogenbesteck neben Abfalleimern. Solche Bilder bekommt man in Shanghai eher nicht zu sehen.

Wir nehmen eine scharfe Biegung nach links an einem Waldstück vorbei. Auch die Szene, die sich hier vor uns auftut, wäre im recht konservativen China undenkbar. Die vorbeiradelnden, -spazierenden und -joggenden Berliner schenken dem Geschehnis hingegen keinerlei Beachtung. Doch der Alte Zhu, der uns ein paar Schritte voraus ist, bleibt plötzlich wie angewurzelt stehen. Zitternd weist er mit dem Finger in Richtung Wiese, als wolle er uns auf etwas aufmerksam machen. Doch dann besinnt er sich eines Besseren.

»Liebste, halte dir die Augen zu! Komm ja nicht näher.«

Er dreht sich um und stellt sich breitbeinig und mit diagonal ausgestreckten Armen wie ein Andreaskreuz vor uns auf.

Damit ist unsere Neugierde natürlich erst recht geweckt. Alle Versuche meines Schwiegervaters, unsere unbefleckten kindlichen Gemüter vor bösem Einfluss zu schützen, schlagen fehl.

»Unglaublich«, stimmt nun auch Liping in den chinesischen Kanon der Fassungslosigkeit ein.

Lehrerin Wang schlägt nur beide Hände vor den Mund, kann aber den Blick nicht abwenden von dem, was sich da vor unseren Augen abspielt. Auf einer weitläufigen Rasenfläche ragt eine einsame metallene Freiluftdusche aus dem Boden in den Himmel. Aus der Brause plätschert ein stetiger Strahl feinsten Berliner Duschwassers auf einen Mann in den besten Jahren. Er streckt uns erst sein rundes Bäuchlein entgegen und dann mit einem eleganten Schwung sein dicht behaartes Gesäß. Neben der körpereigenen Behaarung ist seine einzige Körperbedeckung eine lila Duschhaube mit rosa Blumen. In der Hand hält er eine überdimensionale Badebürste, die ich sonst nur aus Trickfilmen kenne. Theatralisch bürstet er sich abwechselnd den Rücken, unter den Achseln oder die Unterschenkel. Dieser Vorgang dient augenscheinlich nicht nur der Körperreinigung, sondern soll aus mir schleierhaften Gründen auch für die Nachwelt auf Fotos festgehalten werden. Sein deutlich jüngerer, südländisch aussehender Partner steht zwei Meter vor ihm und hält eine Spiegelreflexkamera in der Hand. Auch er genießt das gute Wetter in seiner ganzen natürlichen Pracht. Im Gegensatz zu seinem Fotomodell hat er nicht nur keine Körperbedeckung, sondern ist auch frei von jeglicher Körperbehaarung.

»Juan, wie findest du es, wenn ich mich noch ein bisschen nach vorne beuge und die Bürste hier auf meine linke Pobacke halte?«

»Fantastico, Jürgen. Du siehst einfach umwerfend aus.«

Jürgen tut wie angekündigt und Juan klickt sich die Finger wund. Dass sie drei chinesischen Touristen den Schock ihres Lebens verpasst haben, tangiert das schwule Pärchen nicht im Geringsten.

»Das heißt FKK in Deutschland.«

»Eff Ka Ka?«

Mit hörbarem Befremden stoßen die drei synchron die einzelnen Buchstaben aus.

»Freikörperkultur. Das ist in Deutschland sehr beliebt. Wie ihr sehen könnt, geht es darum, so wie die Natur einen geschaffen hat, wieder in sie zurückzukehren.«

»Aber das machen doch bestimmt nur schwule Männer?«, fragt meine Frau ehrlich interessiert.

»Nein, das machen auch Frauen und sogar ganze Familien miteinander.«

»Aber nackte Frauen – alleine im Park, da fallen doch die Männer in Scharen über sie her.«

Auch meine Schwiegermutter hat ihre Sprache wiedergefunden. Sie schaut auf ihren Gatten, der seinen Blick nicht von der Szenerie abwenden kann. Wahrscheinlich stellt sie sich vor, wie es ihm ergehen würde, wenn es sich hierbei um zwei Damen gehandelt hätte.

»Nein, das hat weniger mit Sexualität als mit Naturalismus zu tun. Da wird keiner begrapscht und auch nicht wegen Erregung öffentlichen Ärgernisses eingesperrt.« Ich beginne den ganz ungeplanten FKK-Kulturschock ein bisschen zu genießen. »Wenn ihr wollt, können wir mal zusammen in ein FKK-Bad gehen, die gibt es in Deutschland und Europa überall.«

»Nie im Leben.«

»Auf keinen Fall.«

»Nur über meine Leiche.«

Die beiden Frauen schütteln sich und wenden sich schließlich leicht entsetzt von der Badeszene ab, um nicht noch Albträume zu bekommen. Kopfschüttelnd läuft der Alte Zhu den Schotterweg entlang und führt entrüstete Selbstgespräche. Nacktheit, Sexualität und Prostitution existieren in China meist nur hinter verschlossenen Türen. Das führt jedoch naturgemäß dazu, dass es auf der anderen Seite der Tür umso lebhafter zugeht. Bis vor Kurzem war es noch gang und gäbe, dass zum Beispiel unter dem Deckmantel von Frisörsalons explizte Services für die männliche Kundschaft angeboten wurden. Auch dass ältere Männer neben ihrer Ehefrau eine »Kleine Dritte« *(Xiao San)* haben, also eine Freundin, ist in China ein oft gesehenes Phänomen. Andererseits bestand der Sexualunterricht meiner Frau aus dem verschämten Verteilen von Arbeitsblättern, auf denen die männlichen und weiblichen Geschlechtsorgane abgebildet waren. Und selbst dafür mussten sich die Jungen und Mädchen in unterschiedlichen Klassenzimmern aufhalten.

Um die Toleranzgrenze meiner Schwiegereltern nicht noch weiter auszureizen, beschließe ich, sie zum Abendessen in ein authentisches chinesisches Nudelrestaurant in der Nähe des Tiergartens auszuführen. Das Essen verläuft sehr schweigsam. Auch wenn die Gerichte vergleichsweise leicht sind, gibt es doch viel für sie zu verdauen. Nachdem wir alle unsere Suppenschüsseln leergeschlürft haben, verabschieden sich der Alte Zhu und Lehrerin Wang mit immer noch leicht zittrigen Beinen früh ins Hotelzimmer. Deutschland ist doch nicht so einfach gestrickt, wie der Alte Zhu es sich gedacht hat.

***

»Wo ist denn jetzt eure Mauer?«

Am nächsten Morgen sitzen wir an einem kleinen Tisch in einem der zahlreichen Selbstbedienungscafés. Neben uns sitzen vier Damen in geblümten Kopftüchern und unterhalten sich auf Türkisch, während sie aus großen Pappbechern gezuckerten Milchkaffee trinken. Liping und ihre Mutter tun es ihnen gleich, während der Alte Zhu standesgemäß grünen Tee aus dem Konservenglas trinkt. Der erste Tag ist wohl ganz anders verlaufen, als die chinesischen Reiseteilnehmer es sich vorgestellt hatten. Das Brandenburger Tor war ganz nett, der Tierpark eher langweilig und die Freiluftdusche etwas, was sie am liebsten ganz schnell wieder vergessen wollen. Eigentlich hatte ich in der vagen Hoffnung, dass sie mein Heimatland besser kennenlernen, zugesagt, die Eltern meiner Frau auf unsere Hochzeitsreise mitzunehmen. Es gibt viel zu meckern über Deutschland, das tun wir ja am liebsten selber, aber im Grunde genommen ist es doch so ein fantastisches Land mit vielen tollen Menschen. Ich weiß nicht, ob ich mir wieder einmal zu viele Gedanken mache, aber ich habe das Gefühl, dass es bisher eine Enttäuschung für meine Gäste aus Fernost ist. Das Essen schlägt ihnen auf den Magen, die Sehenswürdigkeiten sind minder interessant und überall wird nur Bargeld akzeptiert. Aber vielleicht kann ja Berlins berühmtestes Bauwerk etwas raushauen.

»Ja, stimmt. Wir müssen unbedingt zur Berliner Mauer. Die haben wir noch gar nicht gesehen. Geht die nicht durch ganz Berlin?«, fragt nun auch Liping, nachdem sie sich einen Bissen von ihrem Tomate-Mozzarella-Toast genehmigt hat.

Bevor ich antworten kann, mischt sich auch ihr Vater wieder ein. »Unsere Mauer sieht man vom Mond aus und eure Mauer nicht mal, wenn man den ganzen Tag durch die Hauptstadt läuft? Wenn ich das meinen Freunden erzähle ...«

»Kann mar. nicht.« Ich stelle meinen Filterkaffeebecher abrupt auf den Tisch. »Vom Mond sowieso nicht und selbst von der 400 Kilometer entfernten Raumstation kann man die Chinesische Mauer nur mit einem Mega-Teleskop sehen.«
Wenn er schon denkt, dass wir Deutschen nicht mit der chinesischen Kultur mithalten können, dann will ich zumindest mit diesem alten Vorurteil aufräumen.
»Aber unsere Mauer hat 2000 Jahre lang gehalten. Wie lange stand die Berliner Mauer? 5 Jahre?«
»28 Jahre. Und die meisten Deutschen hätten sich gefreut, wenn es nur 28 Tage gewesen wären.«
»Jetzt ist aber mal gut.« Lehrerin Wang stupst ihren Mann an. Sie hat sich bisher hingebungsvoll ihrem Rührei-Vollkornbrötchen gewidmet. Seit dem Himbeerkuchen-Schmand-Desaster hält sie sich von allem fern, was auch nur einen Hauch von Süße hat. »Aber im Ernst, Thomas – wo ist sie denn jetzt, eure Mauer?«

»Hier.«
Wir stehen neben fünf amerikanischen Touristen in Hawaii-T-Shirts auf der Bernauer Straße und schauen uns einen Teil dessen an, was von der Mauer übrig geblieben ist. Die komplette Betonfront ist beschmiert mit unzähligen Graffiti und davor sitzt ein Punkerpärchen mit ihrem Hund auf dem Boden.
»Interessant.«
Liping hat für ihre Bewertung das Adjektiv mit den meistmöglichen Interpretationen gewählt – *interessant*. Wie soll ich denn erklären, dass die Mauer nicht hier steht, um uns stolz zu machen, sondern damit wir aus der Geschichte lernen?
»Schämen solltet ihr euch. Unsere Kaiser hätten eure Kaiser ausgelacht, wenn sie das gesehen hätten. Unsere Mauer ist nicht nur viel länger, sondern auch viel ästhetischer!«

Nun stehe ich also mit meinem chinesischen Schwiegervater in der deutschen Hauptstadt und wir vergleichen die Ästhetik und Längen unserer – Mauern. Zu allem Überfluss fängt es an zu nieseln, was die ohnehin triste Atmosphäre noch grauer erscheinen lässt.

»Na ja, die Teile der Chinesischen Mauer, auf denen sich Millionen Touristen tummeln, haben mit der ursprünglichen Mauer rein gar nichts zu tun. Die sind ja komplett neu und restauriert.«

Ich habe meine Hausaufgaben gemacht. Immer noch skeptisch schraubt der Alte Zhu den Deckel seines Gurkenteeglases auf und nimmt einen großen Schluck.

»Aber länger ist sie trotzdem.«

Das ist unbestritten. Die Chinesische Mauer ist wirklich ein beeindruckendes Bauwerk. Ob man nun bei Sonnenschein oder im Nebel über die unregelmäßig hohen graubraunen Stufen steigt, es begleitet einen immer eine Aura der Vergangenheit und Mystik. Für viele chinesische Touristen ist ein Besuch dort ein Höhepunkt in ihrem Leben, heißt es doch im Volksmund: »Wer die Große Mauer nicht bestiegen hat, ist kein richtiger Mann.« Dass ich ein echter Kerl bin, habe ich mit meinen fünf Besuchen bei der Chinesischen und drei bei der Berliner Mauer nun ausreichend bewiesen – Länge hin oder her.

»Haste mal Feuer?«

Der Punk, der eben noch ein paar Meter vor uns an den Beton gelehnt auf dem Boden saß, steht mit ausgestreckter Hand vor dem Alten Zhu, der gerade eine Zigarettenschachtel aus seiner Jackentasche gekramt hat. Fragend schaut dieser erst den jungen Mann in den schwarzen Lederklamotten an und dann mich.

»Er will mit dir eine Zigarette rauchen.«

Als er das hört, ist er voll in seinem Element und lässt sich nicht zwei Mal bitten. Er bietet dem Punk nicht nur Feuer an, sondern schenkt ihm direkt die ganze gelb-orange Zigarettenpackung mit dem bambusfressenden Panda darauf. Dazu noch ein Feuerzeug und einen guten Rat.
»Deiner Freundin stehen die pinken Haare ja, aber für einen richtigen Mann wie dich gehört sich das nicht.« Er wirft mir einen Seitenblick zu. »Aber zumindest rauchst du wie einer.«
Dem Mittzwanziger mit den Nieten auf den Schultern und dem bunten Irokesenhaarschnitt auf dem Kopf ist es anscheinend völlig egal, was der alte Mann ihm da auf Chinesisch erzählt, er trollt sich überglücklich mit seiner Beute in Richtung Freundin und Hund. Ein wenig traurig steht mein Schwiegervater da im grauen Nieselregen und schaut ihm nach. Er hätte wahrscheinlich gerne eine Zigarette mit dem Punker geraucht, denn sich zu zweit die Lunge zuzuteeren macht viel mehr Freude als alleine. Und weder ich noch seine Frau oder Tochter teilen die Nikotinsucht mit ihm. Wahrscheinlich macht ihn gerade das ein bisschen einsam auf dieser Europareise. In Shanghai vergeht kein Tag, ohne dass er sich zum Essen oder wenigstens für einen Schwatz und zwei, drei Glimmstängel mit seinen Freunden trifft. Hier in Deutschland ist das Rauchen erstens fast überall verboten und zweitens machen das alle alleine und für sich. Er zuckt mit den Schultern, holt eine neue Packung aus der Jackentasche und zündet sich eine Zigarette an. Sein Tee- und Zigarettenvorrat scheint unerschöpflich. Er inhaliert tief, als neben ihm plötzlich ein großer Reisebus mit der Aufschrift *Bierfreund Reisen* hält. Es klingt so, als wäre die Fahrt für den Bus sehr anstrengend gewesen, denn mit einem lauten Ächzen und Stöhnen öffnen sich Vorder- und Hintertür. Aus dem Inneren hören wir, wie

jemand durch das Bordmikrofon auf Chinesisch Anweisungen gibt: »In 35 Minuten versammeln wir uns wieder hier. Frau Zhang, wenn Sie sich wieder verspäten, lassen wir Sie alleine zurück in Deutschland. Dann müssen Sie bis an Ihr Lebensende Bratwürste und Schweinshaxe mit Kartoffelbrei essen.« Ein erschrecktes Raunen aus zig Rentnerkehlen geht durch den Bus und ist gut bis nach draußen hörbar. »Und immer an unser Motto denken! Wie geht das noch mal?« – »MUSIK IST UNSER LEBEN! WIR ATMEN DIE MUSIK!« Nicht nur der Bus, die ganze Bernauer Straße vibriert nach diesem Aufschrei. Als dann noch ein *HULDIRIA HULDIRIA JO DA DU* in der Lautstärke eines startenden Düsenjets ertönt, mache ich mir Sorgen, dass das die letzten Reste der Berliner Mauer wie die Mauern Jerichos zum Einsturz bringen würde.

»Lass uns bloß weg, Amsterdam wartet.«

Noch bevor der erste Turnschuh der Jodel-Troubadoure den Asphalt berührt, sind wir hinter der glücklicherweise blickdichten Berliner Mauer verschwunden.

»Das war doch der Seniorenchor, oder? Die orangen Käppis habe ich deutlich durchs Busfenster gesehen.«

Liping kichert vor sich hin und ist genauso froh wie ich, dass uns die Flucht gelungen ist.

»Waaaas? Das waren die Jodel-Troubadoure?« Ganz enttäuscht schnippt mein Schwiegervater seine Zigarette auf den Bordstein und zündet sich direkt die nächste an. »Mensch, mit dem Reiseführer hätte ich gerne ein wenig gequatscht. Der raucht auch die Panda-Zigaretten, das habe ich gestern an diesem Tor gesehen.«

»Beim nächsten Mal fährst du einfach mit einer Reisegruppe mit. Ich spiele nämlich nie wieder Reiseführer für euch.« Ich meine das halb ernst und halb im Spaß. Denn ich habe noch ein Ass im Ärmel. »Aber ob die mit dir ins

Rotlichtviertel nach Amsterdam fahren, das weiß ich nicht. Wir fahren morgen auf jeden Fall dahin.«

Ich sehe, wie die Schritte des Alten Zhu größer werden, so als wolle er so schnell wie möglich das sehen, was ihm in Berlin verwehrt geblieben ist – nackte Frauen.

KAPITEL 6

EUROPA IN SIEBEN TAGEN

»Üüüüüüüüüberraschung!«

Ich stehe eingequetscht zwischen unserem Gepäck in der Minilobby des Zwei-Sterne-Hotels, das ich zu unserer Unterkunft für unseren Aufenthalt in Amsterdam auserkoren habe. Anstatt meine Flitterwochen in einem luxuriösen 5-Sterne-Hotel zu verbringen, habe ich auf Anweisung meiner chinesischen Familie nur die günstigsten Herbergen gebucht. Das Reisebudget wird schließlich in den Luxusmarken-Outlets noch genug strapaziert. Da muss man für einen Schlafplatz nicht unnötig Geld aus dem Fenster in die Grachten schmeißen. Und diese Bleibe in der Amsterdamer Innenstadt schien vielversprechend. Ein günstiger Preis für die zwei Doppelzimmer und ein sehr einprägsamer Name. Das Hotel firmiert unter dem Namen *Afgelikte Boterham*, was wortwörtlich *Abgelecktes Butterbrot* und grob übersetzt *Dorf-* oder *Stadtmatratze* heißt. Die Besitzer scheinen Humor zu haben und die Aussicht, in einem jahrhundertealten, verwitterten Grachtenhaus im Zentrum Amsterdams zu übernachten, hat mir sofort zugesagt.

»Bist du dir sicher, dass wir hier richtig sind?«, fragt Liping mich, als wir unsere schweren Koffer über die extrem schmale Holztreppe Stufe für Stufe in Richtung Lobby schleppen.

Leider bin ich mir ziemlich sicher, dass wir hier exakt richtig sind.

»Ja, da steht doch der Name dran, guck mal.«

Von der Treppe sehen wir das abgehalfterte rote Neon-Schild, bei dem nur noch die »*E*«s in *Afgelikte Boterham* leuchten. In der schummrigen Lobby angekommen, kann ich mich neben den Koffern und meinen drei Mitreisenden kaum bewegen. Ich blicke auf den abgewetzten Empfangstresen und den Polsterstuhl mit dem blassrosa Bezug, der die einzige Sitzgelegenheit im ganzen Raum darstellt und direkt vom

Alten Zhu in Beschlag genommen wurde. Überall an den dunkel vertäfelten Holzwänden hängen staubbedeckte Eindrücke vom Amsterdam des letzten Jahrhunderts. Die angelaufenen goldfarbenen Zeiger der großen Standuhr sind bei Punkt 12.33 Uhr stehen geblieben. Auf ihr liegt ein alter Kater mit verfilztem grauem Fell und starrt uns aus funkelnden niederträchtigen Augen an. Wahrscheinlich haben wir gerade seine Mittagsruhe gestört. Mir wird klar, dass der Hotelname sehr wörtlich und keineswegs als lustiger Gag gemeint ist. Die ganze Einrichtung sieht so aus, als ob nicht nur jeder Einzelne der 821.752 Einwohner Amsterdams hier mindestens einmal in seinem Leben genächtigt hätte, sondern auch ein Großteil der zehn Millionen Touristen, die jedes Jahr die Stadt besuchen. Der einzige Angestellte ist ein Mittvierziger mit fettigem, schulterlangem blonden Haar, das sich über der Stirn sehr sichtbar lichtet. Über seiner Wampe spannt sich ein ausgewaschenen Hard-Rock-T-Shirt. Er steht eingeklemmt zwischen einem überdimensionalen Schlüsselbrett, an dem nur ein Haken frei ist, und dem Holztresen vor sich. Gerade reicht er mir ein zerknittertes Formular und einen Bleistift, der den Bissspuren nach zu urteilen dem Kater als Spielzeug gedient hat, da erschüttert ein Schrei aus zwei Kehlen das ganze Gebäude: »Üüüüüüüüüberraschung!«

Ich drehe mich langsam um, der Koffer neben mir verhindert aber eine 180-Grad-Drehung, weswegen ich nur meine Hüfte verrenke, um einen Blick auf die schmale Eingangstür zu werfen. Dort sehe ich niemanden. Auch Liping und ihre Eltern blicken sich verwirrt um.

»Die Stimmen kommen mir doch bekannt vor …«, sagt Lehrerin Wang.

Mir auch. Und mir schwant nichts Gutes dabei.

»Huhu, hier oben sind wir!«

Ich blicke die enge Wendeltreppe hinauf. Durch das Treppenhaus kann man bis unter die Decke des vierten Stocks sehen. Etwa zwei Meter über uns lehnen sich zwei Gestalten über die hölzerne Treppenbalustrade, die unter dem Gewicht stark zu leiden scheint. Na ja, wenn die beiden runterkrachen würden, würden sie zumindest weich landen. Nämlich auf uns und unseren Koffern.

»Papa, Mama. Was bitte macht ihr denn hier?«

Mir wird schwindelig. Müdigkeit. Blondi. Hart gekochte Eier. Freiluftdusche. Lange Mauer. Holadihohoho. Abgelecktes Butterbrot. Mein Kopf schwirrt nur so. Inzwischen steht meine Mutter auf dem untersten Treppenabsatz und strahlt uns alle glücklich an.

»Die Überraschung ist uns wohl gelungen? Amsterdam ist ja nur einen Katzensprung von Marienheide entfernt und da dachten wir: Willkommen an Bord! Wir begrüßen alle Passagiere auf dem Flug nach Heraklion.«

Die Sonne, die an einem blaugelben Kabel von der Decke hängt, blendet mich plötzlich stark und ich halte eine Hand vors Gesicht. Meiner Mutter steht die Flugbegleiterinnenuniform unerwartet gut und sie gießt Liping und mir Tomatensaft in die durchsichtigen Plastikbecher.

»Salz und Pfeffer dazu?«

Ich spüre einen Druck, wir werden in die engen Flugzeugsitze gepresst und ich schließe kurz die Augen. Als ich sie wieder öffne, spüre ich warmen weißen Sand mit feinen Kieseln zwischen meinen Zehen.

»Das ging aber schnell«, denke ich. Meine Frau hat eine Flasche Sonnenmilch in der Hand und cremt sich die Nase damit ein. Die hübsche griechische Kellnerin bringt uns gelborange Cocktails mit einem kleinen Papierschirmchen und einer glänzend roten Cocktailkirsche auf einem hölzernen

Tablett direkt an die Strandliegen. Seltsamerweise hat sie eine auffällig pinke chinesische *Qipao* an und zwei Essstäbchen im Haar. Als sie sich zu uns herabbeugt, um die Getränke auf dem kleinen Tischchen abzustellen, sehe ich, dass sie dem Alten Zhu wie aus dem Gesicht geschnitten ist.

»Ihr Vater heißt nicht zufällig …?«

»So, zwei Mal Tequila Sunrise, das macht dann zusammen wird doch super! Ein gemeinsamer deutsch-chinesischer Familienurlaub.«

Plötzlich fröstelt es mich und ich bin wieder mitten in der erbarmungslos kalten Realität. Und die trägt den Namen *Abgelecktes Butterbrot*. Statt der wärmenden Sonne hängt am Kabel von der Decke eine einsame, leicht flackernde Glühbirne. Der Alte Zhu freut sich sichtlich, meine Eltern zu sehen, auch wenn die beiden strikt alkohol- und nikotinabstinent sind.

»Je mehr Leute wir sind, umso lustiger wird es doch! Super Idee, Thomas.« Er wendet sich an meine Mutter. »Und morgen früh gehen wir direkt als Erstes alle zusammen ins Rotlichtviertel, das ist hier ganz in der Nähe.«

Meine Mutter versteht kein Wort von dem Gesagten, winkt ihm jedoch fröhlich von der Treppe aus zu.

»Tut einfach so, als wären wir gar nicht da. Du weißt ja, wir sind sehr pflegeleicht, Thomas.«

***

»Nee, da gehen wir bestimmt nicht hin. Wir sind nicht solche Menschen. Wenn das jemand von den Nachbarn mitbekommt …«

Wir sind gerade aus der Oude Kerk getreten, die mitten im Rossebuurt, dem Rotlichtviertel Amsterdams, steht.

»Ich muss unbedingt noch die, äh, Damen fotografieren. Das glauben mir meine Freunde sonst nicht.« Mein Schwiegervater will ins Milieu eintauchen, da er so etwas noch nie erlebt hat. Zwar ist ihm das behaarte Hinterteil des Berliner Freiluftduschers Jürgen noch sehr gut in Erinnerung, aber Frauen, die in Unterwäsche in Schaufenstern stehen, üben doch eine ganz andere Faszination auf ihn aus.

»Nein, Peter. Wir bleiben hier.«

Meine strikt konservative Mutter hält meinen Vater mit einem sehr resoluten Klammergriff am Oberarm fest. Dass die Kirche mitten in diesem Sündenpfuhl steht, ist natürlich begrüßenswert, aber sich an den Freudendamen zu ergötzen, das geht gar nicht. Doch die Faszination am Verbotenen ist bei den chinesischen Teilnehmern unserer jetzt etwas größeren Reisegruppe sehr stark ausgeprägt. Meine Mutter merkt, dass sie zwar Lipings Eltern nicht davon überzeugen kann, weiterhin auf dem Pfad der Tugend zu wandeln, aber zumindest meinen Vater wird sie davor bewahren, davon abzuweichen.

»Eff Ka Ka!«

Lehrerin Wang hat auf der Reise kein einziges deutsches Wort gelernt, aber das hat sie sich gemerkt.

»Ja, ja, ja! Eff Ka Ka!« Auch der Alte Zhu stimmt mit ein.

»Das mögt ihr Deutschen doch so gerne!«

Da kennt er meine Eltern aber schlecht. Und nun stehe ich hier auf dem Sündenpflaster Amsterdams und muss zwischen meinen strengreligiösen Eltern und meinen neugierigen Schwiegereltern vermitteln. Für Letztere scheint, auch wenn sie es nicht laut zugeben, die Begegnung mit dem schwulen FKK-Pärchen im Tiergarten so etwas wie ein Dammbruch gewesen sein. Im noch liberaleren Amsterdam schnuppern sie den Duft der sexuellen Freiheit und sind nun wie angefixt, jedes bisschen nackte Haut in Europa mitzunehmen.

»Na gut, dann setzt ihr euch dahinten ins Café.« Ich zeige auf das Ladengeschäft mit der roten Fassade und dem Namen Mata Hari. »Und wir drehen noch eine Runde.«

»Du gehst da auch hin, Thomas?«

Meine Mutter wird immer bleicher um die Nase. Schützend legt mein Vater ihr einen Arm um die Schultern.

»Ja, Mama. Ich bin schon erwachsen. Und ob du's glaubst oder nicht, ich habe schon die eine oder andere Frau in Unterwäsche gesehen.«

Das ist mehr als meine gute Mutter wissen möchte. Sie scheint kurz vor einem Schwächeanfall zu stehen. Wortlos führt mein Vater meine schwankende Mutter zum besagten Café. Ein wenig habe ich ein schlechtes Gewissen, meine Eltern so abserviert zu haben. Aber schließlich sind es ja meine Flitterwochen. Und auch mein Leben. Wenn ich ins Rotlichtviertel will, dann gehe ich auch dahin. Das können mir weder meine Eltern noch meine Schwiegereltern verbieten. Das ist natürlich nur symbolisch für all meine Lebensentscheidungen. Ich nehme mir vor, in Zukunft mehr Mut aufzubringen und in erster Linie das zu tun, was ich will. Leicht wird das nicht werden. Fünfzig Meter von uns entfernt setzen sich meine Eltern unter die Markise an einen kleinen hölzernen Cafétisch.

»Wir sehen uns in einer Stunde«, rufe ich ihnen über die Gracht hinweg zu.

Das muss ausreichen, um die Neugierde meines Schwiegervaters zu, nun ja, befriedigen. Ich laufe meiner chinesischen Familie hinterher, die es anscheinend gar nicht erwarten kann, mit den Damen des horizontalen Gewerbes Bekanntschaft zu machen.

»Komm schon, Schatz, beeil dich.« Auch Liping scheint mächtige Vorfreude zu haben. »Alles klar mit deinen Eltern?«

»Die sind schon groß, die kommen ganz gut alleine klar.«

Es ist noch früh am Nachmittag und außer uns und ein paar Einheimischen auf Fahrrädern ist das Viertel ziemlich leer. Die meisten der ein Meter breiten und zwei Meter hohen Schaufenster aus Glas, die diesem Viertel seine weltweite Berühmtheit beschert haben, sind noch mit einem blickdichten Vorhang verschlossen.

»Irgendwie habe ich mir das aufregender vorgestellt«, sagt Liping etwas enttäuscht.

Doch ihr Vater lässt sich nicht beirren und klopft an jedes Schaufenster, an dem er vorbeiläuft.

»Hier ist ja gar nichts los«, beschwert auch er sich nach dem fünften erfolglosen Versuch bei seiner Frau, die sich aufgeregt an seinen Arm klammert.

Doch beim sechsten Schaufenster hat er Glück. Der Vorhang wird bereits nach dem ersten Klopfen beiseitegezogen und eine dunkelhäutige Prostituierte präsentiert ihm ihren tätowierten Körper. Auch wenn er so lange auf diesen Anblick gewartet hat, trifft er ihn doch wie ein Schlag. Die Dame dreht sich auf ihren roten High Heels drei Mal nach links und rechts, damit der potenzielle Kunde sie von allen Seiten bewundern kann. Der weiße BH tut sein Bestes, ist aber kaum in der Lage, ihren mächtigen Busen zu bändigen.

»Aua«, stöhnt der alte Zhu plötzlich auf. Seine Frau hat bei dem, was sich da vor ihr aufgetan hat, vor Schreck ihre langen Fingernägel in seinen nackten Unterarm gebohrt, was anscheinend äußerst schmerzhaft ist. Zumindest befreit es ihn aus der Erstarrung und er lächelt die Dame auf der anderen Seite des Glases schüchtern an. Diese verliert jedoch die Geduld, und als sie merkt, dass sie mit diesem Kunden heute wohl keine Geschäfte machen kann, zieht sie die Gardine mit einem Ruck wieder zu.

»Warte, warte!«, ruft er ihr auf Chinesisch zu.

Er klopft wie wild an der Scheibe. Gespannt schauen meine Schwiegermutter, Liping und ich ihn an. Der Vorhang geht ein kleines Stückchen auf. Begeistert zeigt mein Schwiegervater auf sein Smartphone und ruft der Prostituierten eifrig »Selfie! Selfie!« zu. Die verdreht nur die Augen und schwupps, ist der Vorhang wieder blickdicht. Der Alte Zhu ärgert sich sehr über die verpasste Chance für das Selfie seines Lebens.

»Bei uns hängen Peking-Enten und Salzlake-Hähnchen in Schaufenstern und hier stehen echte Frauen in Unterwäsche drin.«

Tatsächlich locken chinesische Restaurants die hungrigen Passanten gern mit an Haken im Schaufenster aufgehängtem Geflügel oder einem kiloschweren Stück *Char Siu*, mit süßer Honigsauce überbackenen Schweinelenden. Die Europäer hingegen stellen echtes Menschenfleisch zur Schau.

»Das werden meine Freunde mir nie abkaufen!«

In einem verzweifelten Versuch, ein letztes Mal die Aufmerksamkeit der Dame auf der anderen Seite der Scheibe auf sich zu lenken, schlägt er frustriert mit der Faust fest auf die Scheibe. Das Schild mit der Aufschrift *No Photos!* und dem durchgestrichenen Kamerasymbol übersieht er dabei geflissentlich. Wir kichern alle in uns hinein, denn ein bisschen leid tut er uns schon. Doch anstatt des Vorhangs öffnet sich die Eingangstür des Hauses rechts neben dem Schaufenster.

»Is there a problem here?«

Anders als er es sich erhofft hat, ist es nicht die tätowierte dunkelhäutige Schönheit, die herausgekommen ist, um doch noch mit ihm anzubandeln, sondern ein grobschlächtiger, kahlköpfiger, mindestens 1,98 m hoher Muskelberg. Seine rechte Gesichtshälfte ist komplett mit einem riesigen dunkelblauen Skorpion-Tattoo bedeckt. Der Körper des Spinnentieres spannt sich vom Kehlkopf des Hünen bis auf die Stirn, eine Schere umfasst das linke Auge, die andere das Ohr. Mich überkommt plötzlich ein Frösteln und das liegt nicht nur am aufsteigenden Nebel aus der Gracht neben uns.

»Hello, no, yes, photo. Dang-ke!«

Mein Schwiegervater, der eigentlich recht kräftig gebaut ist, erscheint neben dem Riesen wie David neben Goliath. Allerdings befürchte ich, dass in unserer Geschichte anders als beim Original David den Kürzeren ziehen würde. Ich krame aus meiner Tasche einen 50-Euro-Schein hervor und drücke ihn dem fleischgewordenen Kleiderschrank in die Hand.

»No, Sir. We wanted to leave anyway.«

Ich schiebe meinen Schwiegervater in die nächstbeste Seitengasse und in ein kleines Lokal.

»Mir schlottern jetzt noch die Knie.« Lehrerin Wang schiebt Liping hinter uns durch die schmale Tür ins Innere der Gaststätte.

»Mir auch, Mama. Also ich hätte Papa nicht geholfen.«

Ich weiß nicht, ob die beiden ihre weichen Knie der Prostituierten oder deren Beschützer zu verdanken haben.

»Den hätte ich doch mit einem linken Haken fertiggemacht, wenn ihr mich nur gelassen hättet.«

Wir alle ignorieren den Einwurf des Alten Zhu und er belässt es auch dabei. Selbst ihm, mit seinem überbordenden Selbstbewusstsein, scheint klar zu sein, dass ein Stupser mit dem kleinen Finger vonseiten des Türstehers gereicht hätte, um ihn zu Fall zu bringen. Und wer weiß, was sich noch für Gestalten hinter der grauen Milchglastür verbargen, die den großen Kerl ausgespuckt hatte.

Ich bin nur froh, dass ich hier in Europa immer Bargeld griffbereit in der Tasche habe. In China müsste ich Goliath fragen, ob er sein digitales Bestechungsgeld lieber per WeChat oder Alipay haben möchte, ich müsste seinen QR-Code scannen und unser kleines Stelldichein würde sich unnötig in die Länge ziehen.

»Einen Kaffee und drei Cappuccino bitte.«

»Nein, danke. Wir trinken nichts. Ich habe da draußen einen Souvenirshop gesehen und will ein paar Andenken für Zuhause mitnehmen.«

Meine Schwiegermutter zieht ihren Mann, der sich gerade auf den wackelnden Holzstuhl gesetzt hat, an der Jacke und die beiden verschwinden wieder aus der Tür.

»Endlich haben wir mal Zeit für uns.«

Liping setzt sich mir gegenüber auf die gepolsterte Bank. Der indisch aussehende Kellner bringt uns wortlos unsere Getränke und wir genießen erst einmal für ein paar Minuten die Ruhe.

»Und – wie findest du die Flitterwochen bisher?«, frage ich mit einem leicht zynischen Unterton.

Schließlich stand es für sie ja von Anfang an außer Frage, ihre Eltern mit auf unsere Hochzeitsreise zu nehmen.

»Ach, ist doch ganz lustig. Alleine hätten wir bestimmt nur halb so viel erlebt.« Sie leckt sich mit der Zungenspitze den Cappuccino-Schaum von der Oberlippe und lehnt sich entspannt zurück. »Du musst nicht immer so angestrengt alles richtig machen wollen. Irgendwas wird irgendjemand immer auszusetzen haben. Sei einfach du selbst.« Sie beugt sich wieder über die Tischkante zu mir vor. »Du machst ja auch schon Fortschritte. Früher hättest du es nie gewagt, deine Eltern einfach eine Stunde lang in einem Café abzusetzen und mit uns im Rotlichtviertel zu verschwinden.«

Sie gibt mir einen Kuss auf die Nase und ich freue mich über ihr Lob. Ich nehme einen Schluck vom überteuerten Filterkaffee und lasse die lauwarme Brühe langsam meine Kehle hinunterfließen. Bei Liping sieht das alles immer so einfach aus. Sie zieht ihr Ding durch, versucht nur sich selber zu gefallen und macht am Ende alle damit glücklich. Auch wenn es zwischendurch ein paar Reibereien gibt. Ich war von Kind auf konfliktscheu und mein großer Traum war immer der Weltfrieden. Aber ist der Preis für diesen wirklich mein eigener, innerer Frieden?

»Okay, Schatz, ich werde daran arbeiten!«

Eine halbe Stunde später höre ich durch die noch geschlossene Tür ein lautes hysterisches Lachen, und als die Tür aufgeht, sehe ich, wie meine Schwiegereltern Arm in Arm und glückselig lächelnd hineinkommen.

»Hello, hello, beautiful«, stellt Lehrerin Wang ihre Englischkenntnisse zur Schau. »Da sind wir wieder.«

Normalerweise sind die beiden in der Öffentlichkeit sehr reserviert, was gegenseitige Liebesbekundungen angeht, doch in diesem Moment sieht es so aus, als wären die beiden in Flitterwochen und nicht wir.

»Was ist denn mit euch los?«, fragt Liping.

»Ach nichts, meine Liebste.« Der Alte Zhu hat sich neben seine Tochter und Frau auf die Bank gequetscht. »Wir sind nur ein bisschen durch die Straßen gebummelt.« Er kichert und zwinkert seiner Frau zu. »Mensch, habe ich einen Hunger. Gibt es hier was zu essen?«

Ich beuge mich ein wenig vor und der süßliche Geruch an dem Kleid meiner Schwiegermutter erhärtet meinen Verdacht.

»Wo seid ihr denn so gebummelt?«, frage ich ganz unbedarft.

»Ach, wir haben erst einmal ein paar von den süßen gelben Holzschuhen gekauft und ein paar Kühlschrankmagneten.« Der Alte Zhu greift nach dem kleinen Glasschüsselchen mit Erdnüssen auf dem Tisch und befördert den gesamten Inhalt mit einer schnellen Bewegung in seinen Rachen. »Und ich hatte so einen Durst und kein Teewasser mehr. Da sind wir in einen Laden gegangen, wo *Coffeeshop* draufstand.« Er tätschelt seiner Frau die Wange. »Und deine Mama war ja schon immer ein Ass in Englisch und meinte, da gebe es bestimmt heißes Wasser.«

Unter den missbilligenden Blicken des indischen Kellners nimmt er einen Schluck aus seinem mitgebrachten Gurkenglas. Er hat die Erdnussschale noch einmal bis zum Rand gefüllt, in der Hoffnung, uns, die einzigen Kunden im ganzen Lokal, durstig zu machen und noch mehr seiner überteuerten Getränke verkaufen zu können. Doch dem Alten Zhu ist es völlig egal, er spült auch die zweite Ladung des salzigen Snacks mit dem Teewasser aus dem Coffeeshop hinunter.

»Die Leute waren wirklich unglaublich nett. Die haben uns heißes Wasser gegeben und uns eingeladen, ein bisschen dort zu sitzen.«

»Gerochen hat es komisch, so was ganz Süßes haben die geraucht, Frauentabak, wenn du mich fragst.«

Meine Schwiegermutter scheint ebenfalls von der niederländischen Gastfreundschaft begeistert zu sein:

»Aber gut drauf waren die alle. Wir haben natürlich nichts davon probiert, aber die Leute waren so freundlich, dass wir eine ganze Weile da gesessen haben.«

»Amsterdam ist wirklich eine tolle Stadt. Und jetzt lass uns bitte Mittagessen gehen. Ich komme um vor Hunger.«

Meine Schwiegereltern sind passiv bekifft. Davon habe ich mal gelesen. Natürlich sind die Auswirkungen von passivem Cannabis-Konsum viel geringer als die von direktem, aber sie sind dennoch spürbar. Zumindest sehr deutlich bei meinen Schwiegereltern. Die hatten in ihrem Leben noch nie Kontakt zu Hanf. Der Aufenthalt in dem niederländischen Coffeeshop hat seine Wirkung voll und ganz entfaltet.

»Thomas, das sind ja deine Eltern! Was für eine Überraschung.«

Der gelangweilte Gesichtsausdruck meiner im Café auf uns wartenden Eltern schlägt in Überraschung um, als Lehrerin Wang sie enthusiastisch umarmt.

»Wie freue ich mich, euch zu sehen! Kommt, wir haben ein schönes China-Restaurant ausgesucht. Wir haben einen Bärenhunger!«

»Alles in Ordnung mit denen?«, fragt meine Mutter, die natürlich nichts von dem chinesischen Redeschwall verstanden hat.

»Das erzähle ich euch ein andermal.«

Wir nehmen die Stufen zu dem chinesischen Restaurant. Bevor wir anderen auch nur die goldenen Löwen am Eingang passiert haben, belagern der Alte Zhu und Lehrerin Wang bereits den chinesischen Kellner und lassen sich zu den Spezialitäten des Hauses beraten. Meine Mutter rümpft die Nase.

»Amsterdam hat so einen ganz komischen Geruch. Den habe ich so noch nie gerochen.« Mein Vater nickt zustimmend. »Und das Parfüm von Lipings Mama…« – geheimnisvoll schaut meine Mutter mich an – »… riecht genauso scheußlich.«

***

»Und euer Hotel hat wirklich kein Zimmer mehr frei?«

»Nein, Mama, ich habe dir doch gesagt, dass gerade heute und morgen eine große Tagung in Brüssel ist.«

»Von wem noch mal?«

Wir stehen am Gleis 7 des Amsterdamer Hauptbahnhofs und warten auf den Thalys, der meine Eltern auf schnellstem Wege wieder von der niederländischen Hauptstadt zurück

150

ins Rheinland befördern soll. Zwei Tauben kämpfen auf dem Bahnsteig um eine halbe Frietje, werden aber von einem gestressten Mann im Anzug und mit silberfarbenem Rollkoffer vertrieben. Sie fliegen einen Meter weiter und stürzen sich von Neuem auf den frittierten Essensrest. Für einen Moment frage ich mich, ob Tauben, wie wir Menschen auch, eigentlich fünf Zehen haben sollten. Die beiden Amsterdamer Exemplare vor mir haben insgesamt zwölf Zehen, die größere drei und vier, die andere drei und zwei. Überhaupt machen die Großstadttauben einen sehr ungesunden Eindruck auf mich. Der ständige Lärm, die verpestete Luft – und außerdem ernähren sie sich hauptsächlich von Fast Food. Aber vielleicht schmecken die genau deswegen so gut, wenn sie im Suppenkochtopf meiner Schwiegermutter landen.

»Na ja, ähm, die EU-Tierschutz-Sondergesandten der Mitgliedsländer, die treffen sich alle vier Jahre dort«, flunkere ich mit einem Anflug von schlechtem Gewissen. Aber zwei weitere Tage mit meinen eigenen *und* den Schwiegereltern würde ich nicht überleben. Oder wahlweise sie nicht.

»Und deswegen sind alle Hotels ausgebucht. Es gibt nur noch welche für 500 Euro pro Nacht oder welche, die 30 Kilometer vom Stadtzentrum entfernt sind.«

»Ja, schade, hat uns eigentlich Spaß gemacht mit euch.«

Fast wäre mir die Höflichkeitsfloskel »Uns auch« herausgerutscht, ich beiße mir aber rechtzeitig auf die Lippe.

»In ein paar Tagen sind wir ja wieder da. Nur noch Brüssel und Paris, dann kommen wir wieder nach Marienheide.«

Der weinrote Thalys fährt quietschend in den Bahnhof ein und meine Mutter strahlt wieder ein wenig.

»Und bei uns bekommt ihr endlich wieder etwas Vernünftiges in den Magen. Nicht auszudenken, was die Restaurants alles für Zeug in ihr Essen mischen.«

Was meine Mutter in ihr Essen tut, das weiß ich allerdings ganz genau. Handelt es sich dabei doch um die immer gleichen Körperteile vom Schwein und Rind, mit Kartoffeln in unzähligen Varianten als Beilage. Mein Vater hebt den Koffer die Stufe hoch in das 2.-Klasse-Abteil und unsere dezimierte chinesisch-deutsche Reisegruppe winkt meinen Eltern zum Abschied zu. Meine Schwiegereltern, so wie es aussieht, ein wenig wehmütig, ich hingegen erleichtert. Nun habe ich einen Gegenpol weniger, zu dem ich mich verbiegen muss.

»Na dann los. Das Parken kostet hier 6 Euro die Stunde.«

Wir machen uns auf den Weg in die Bahnhofstiefgarage.

***

Knappe zwei Stunden später sind wir in Belgien, dem dritten Land unserer Reise. Liping hat das Restaurant mit der besten Bewertung auf ihrer chinesischen App herausgesucht.

»Also praktisch ist das Verreisen hier in Europa schon«, muss mein Schwiegervater zugeben. »Obwohl das Essen überall gleich schmeckt.«

Na ja, denke ich. Das kommt davon, wenn man in jeder Stadt nur die eins zu eins gleich dekorierten China-Restaurants mit dem exakt gleichen Angebot aufsucht.

»Den Ausländern schmeckt es halt. Die wollen nur gebratene Nudeln, krosse Ente und Rindfleisch mit Pfeffersoße. Das ist das ultimative China-Erlebnis für sie.«

Die neue Lieblingsbeschäftigung meiner Schwiegereltern ist es, mit den jeweiligen chinesischen Kellnern über die »Ausländer« zu lästern. Dabei lässt es sie völlig kalt, dass sie im Moment die eigentlichen Ausländer sind.

»Kein Wunder, dass hier die Hälfte der Leute einen riesigen Hintern und einen noch riesigeren Bauch haben.«

Lehrerin Wang hat die Abstinenz von rheinischem Sauerbraten genutzt, um ihre Figur wieder *qipao*-tauglich zu machen.

»Dafür sind eure Preise ganz schön gesalzen«, wirft der Alte Zhu seinem Landsmann im weißen Hemd und mit schwarzer Fliege vor. Wir haben uns grundsätzlich immer die geheime chinesische Speisekarte geben lassen, die die meisten China-Restaurants in europäischen Großstädten für Besuch aus der Heimat anbieten. »Umgerechnet mehr als 100 Yuan für Schweinebauch mit Bohnen! Wucher!«

Der Kellner fährt sich mit der Hand durchs schwarze, glänzende Haar und lässt seinen Blick durch das zu einem Drittel besetzte Restaurant schweifen. Die Vorwürfe meines Schwiegervaters scheint er überhaupt nicht persönlich zu nehmen.

»Du kannst dir nicht vorstellen, wofür die Ausländer hier alles Geld verlangen.« Er zeigt mit dem Finger auf mich, als wäre ich persönlich der Verfasser der belgischen Abgabenverordnung für Restaurants und Gaststätten. »Wasser und Strom kosten schon ein Vermögen. Aber dann wollen die noch Geld dafür, dass wir das gebrauchte Wasser wieder in den Abfluss befördern.«

Mein Schwiegervater schüttelt fassungslos den Kopf und führt das Gewürzgurkenglas an seine Lippen.

»Und zwei Mal im Jahr kommt der Schornsteinfeger in einem Kostüm wie geradewegs aus der Kaiserzeit. Eine Minute lang guckt er sich den Zähler an und verlangt 60 Euro dafür.«

Das Rindfleisch und die Bohnen kommen mir plötzlich viel hochwertiger vor und ich genieße jeden Bissen mit dem nötigen Respekt. Auch meine chinesische Familie genießt die heimischen Gerichte sichtlich. Das gesamte Gemüse und Fleisch sowie jedes Reiskorn findet seinen Weg in unseren Mund.

Ich streiche mir zufrieden über den Bauch.

»Wenn ihr satt seid, dann lass uns gehen. Heute müssen wir uns unbedingt noch das Manneken Pis angucken.« Die berühmte Statue heißt Pipi-Junge auf Chinesisch und steht ganz oben auf der Liste jedes Brüsselbesuchers. Auch meine Schwiegereltern können es kaum erwarten, ihr Selfie mit der urinierenden Bronzestatue zu bekommen. Die Begegnungen mit nackter Haut in Berlin und Amsterdam haben ihren Horizont mächtig erweitert, sodass die primären Geschlechtsmerkmale eines belgischen Kunstwerkes schon fast nicht mehr der Rede wert sind.

»… er pinkelt nicht nur täglich eine Rekordmenge von bis zu 2500 Liter Wasser in die Brüsseler Kanalisation, sondern ist dazu auch noch ein Symbol für Meinungsfreiheit, Widerstandsgeist und demokratische Werte«, übersetze ich die Beschreibung auf dem Messingschild, das an der Mauer neben dem erstaunlich kleinen Männchen angebracht ist.

»Und deine Eltern haben sich beschwert, wenn sie in China gesehen haben, wie Babys auf die Straße pinkeln«, kichert Liping. »Und hier ist das Meinungsfreiheit und Widerstandsgeist.«

Bis heute tragen viele Kleinkinder in China tatsächlich Hosen, die zwischen den Beinen eine Öffnung haben. Bei Bedarf hocken sie sich in den Rinnstein und entledigen sich dessen, was halt so raus muss. Das spart natürlich jede Menge Windeln und Wäsche, ist aber für viele Betrachter ein ungewöhnliches Bild. Mittlerweile haben in den modernen Großstädten natürlich auch Pampers Einzug gehalten und die Kinderhosen mit Frischluftzufuhr sind langsam aber sicher aus der Mode gekommen, aber in abgelegeneren Gegenden ist diese Kindermode durchaus häufig zu sehen.

»Ach guck mal«, aufgeregt zeigt Liping auf ihr Handy. »Der Louis-Vuitton-Laden ist nur etwas mehr als einen Kilometer von dem Pipi-Jungen entfernt, das ist ja praktisch.« Sie zieht uns zu der Straßenecke, die der berühmteste Einwohner Brüssels sein Zuhause nennt. »Mama, mach schnell zwei Fotos und dann los. Wir brauchen unbedingt Souvenirs aus Brüssel.«

Der Anspruch an Souvenirs ist für viele Chinesen ein ganz anderer als z.b. für den gemeinen deutschen Touristen. Diese geben sich nicht mit einem Manneken-Pis-Korkenzieher oder einer Schneekugel mit dem Eiffelturm zufrieden. Das könnte zum einen daran liegen, dass die meisten dieser Staubfänger sowieso in der Nähe von Shanghai, in der Provinzstadt Yiwu, für wenig Geld hergestellt werden, um dann von Los Angeles über Paris bis nach Neu-Delhi überteuert an Touristen weiterverkauft zu werden. Aber nicht nur Schlüsselanhänger in Form der Golden Gate Bridge oder Porzellanteller mit dem Taj Mahal werden dort hergestellt. Zwei Drittel des weltweiten Weihnachtsschmucks kommen aus der kleinen chinesischen Millionenstadt. Da hat eine Designerhandtasche aus einer europäischen Boutique natürlich mehr Prestige.

»Und die sind hier soooooo günstig«, schwärmt Liping.

»Günstig ist aber auch nur relativ«, brummele ich zurück.

Zwar sind Luxusartikel in Europa tatsächlich günstiger als in China und man bekommt als Tourist am Flughafen die Mehrwertsteuer zurückerstattet, doch man ist nach dem Kauf einer Handtasche immer noch um ein durchschnittliches deutsches Monatsgehalt ärmer.

»Ich habe bereits ein Vermögen für den Leihwagen ausgegeben. Es musste ja unbedingt ein großes Auto sein. Alle Hotels und jedes Essen haben wir bezahlt, da es ja »*unsere* Flitterwochen« sind. Und jetzt willst du 3000 Euro für eine Handtasche ausgeben? Weißt du, wie lange wir dafür arbeiten müssen?«

Ich bin in einem Haushalt aufgewachsen, in dem Sparsamkeit sehr hoch gehalten wird. Und das werde ich wahrscheinlich nie so ganz abschütteln können. Beleidigt dreht sich Liping weg von mir. Natürlich hat sie das Geld für die Tasche. Doch hier geht es um mehr. Sie hofft, dass ich ihr ein Geschenk mache, ob ich das jetzt von unserem gemeinsamen Konto bezahle oder nicht, ist zweitrangig.

»Mein Vater hätte sie meiner Mutter ohne Widerrede gekauft.« Dabei zeigt sie auf ihre Eltern, die mit anderen Touristen um einen guten Platz vor dem Manneken Pis kämpfen, um das beste Foto zu bekommen. »Und außerdem gibt es die Mehrwertsteuer zurück. Ich will diese Tasche!«

Ich werde dieses Mal nicht nachgeben. Zu oft habe ich es schon getan. Ich habe eingewilligt, meine Schwiegereltern zu meinen Flitterwochen mitzunehmen, ich bin Chauffeur, Reiseführer und Übersetzer. Ich habe keine ruhige Minute. Und dann will meine Frau auch noch horrende Summen für ein Modeaccessoire ausgeben, das im nächsten Jahr wieder out ist. Mein Handy klingelt. *Eltern Festnetz* steht auf dem Display. Ich habe jetzt mein eigenes Drama und möchte im Moment nicht wissen, was meiner Mutter wieder auf dem Herzen liegt. Ich drücke den Anruf weg und stelle auf lautlos.

»Wenn du mir die Tasche nicht kaufst, fliege ich auf der Stelle zurück nach China.«

Das scheint eine Grundsatzdiskussion zu werden. Ich will natürlich nicht, dass sie nach China zurückfliegt, aber die Tasche werde ich garantiert nicht bezahlen. Wenn ihr Vater angeblich so spendabel ist, soll er es doch tun.

»Wenn dein Vater angeblich …«

Ich werde von einem mir inzwischen sehr vertrauten Ruf unterbrochen: *Hao lai da di di doooooooooo!* Die Antwort kommt postwendend aus 50 chinesischen Seniorenkehlen:

Hao lai da di di dooooooooo. Ich schließe die Augen. »Lieber Gott, bitte nicht«, schicke ich ein Stoßgebet in den Himmel. Ich stecke mitten in einer handfesten Ehekrise, mein Handy vibriert schon wieder in der Hosentasche und dann kommen ausgerechnet sie. Die Jodel-Troubadoure. Ich öffne die Augen und sehe, wie 50 orange Käppis bester Laune um die Ecke biegen auf der Suche nach dem Manneken Pis.

»Afuuuuuuu! Da bist du ja wieder. Hattest du inzwischen genug Zeit zum Üben? Wir wollen dein Lied hören!«

Liping und ich starren uns an. Eigentlich sind wir uns noch böse, doch jetzt können wir nicht anders als einander anzugrinsen. Wir schnappen uns die Schwiegereltern und machen uns so schnell wie möglich aus dem Staub.

»He, Moment, für eine Zigarette ist doch bestimmt noch Zeit«, protestiert der Alte Zhu, aber ich ignoriere ihn einfach. Auch die sich anbahnende Ehekrise ist erst mal vertagt. Aus der Ferne hören wir die chinesische Interpretation von Maurice Chevaliers »Manneken Pis«, als wir in einer der vielen kleinen Brüsseler Gassen verschwinden.

***

»Köstlich, die könnte ich jeden Tag essen.«

Wie so oft vertreibt eine kleine Zwischenmahlzeit Ärger und Sorgen. Liping häuft sich einen weiteren Löffel Sahne und heiße Kirschen auf die belgische Waffel. Auch ihr Vater hat schon drei davon verdrückt und streicht sich zufrieden den Bauch. Seine Frau isst nichts, lässt aber die Gelegenheit für ein schönes Fotomotiv nicht aus.

»Den Belgiern bin ich eine Belgierin. So. Posten.« Sie tippt auf ihrem Smartphone herum. »Oh, direkt schon zwei Likes.«

Ich schaue Liping an.

»Siehst du, für drei Euro fünfzig kann man sich auch ein bisschen Glück kaufen.«

Zu meiner großen Erleichterung waren unsere jodelnden Reisebekanntschaften genau im richtigen Moment aufgetaucht. Mein Schwiegervater trauert immer noch der verpassten Gelegenheit einer gemeinsamen Zigarette nach, doch Lehrerin Wangs anfängliche Begeisterung bei der ersten Begegnung in Berlin ist inzwischen einer sehr offensichtlichen Genervtheit gewichen.

»Dieses stressige Reisen macht mir eh schon Kopfschmerzen und dann brüllen diese Provinzler auch noch ständig dieses komische Zeug und denken, sie seien Vertreter der Hochkultur«, beschwert sie sich bei ihrem Mann.

Von dessen vierter Waffel ist nur noch eine Ecke übrig und eine besonders fette Vertreterin der Brüsseler Tauben-Community stromert bereits vor unseren Füßen herum. Mit gierigen Blicken starrt sie aus ihren rotbraunen Augen auf den Rest des süßen Gebäcks. Sie hat an beiden Füßen jeweils drei Zehen. Diese sind fleischrot und mit weißen Streifen überzogen. Mich schaudert es ein wenig.

»Sehr unangenehm.«

»Finde ich auch«, stimmt meine Schwiegermutter zu.

Ich denke an unsere Hochzeit zurück und an die possierlichen weißen Brüder des Federviehs. Ich ärgere mich ein wenig, dass ich damals nicht drauf geachtet habe, wie viele Zehen der Vogel in meiner Hand hatte. Da fällt mir ein, dass ich mich gerade in meinen Flitterwochen befinde und noch ein bisschen sauer auf meine Frau bin. Die Flucht vor den Jodel-Troubadouren hat uns erfreulicherweise weit weg von jeglichen Brüsseler Luxus-Boutiquen gebracht. Dort muss man die 3,50 € mit einem Vielfachen multiplizieren, um in den Genuss eines kleinen Glücks zu kommen.

Was würde mich eigentlich glücklich machen? Wenn ich einfach mal ich sein könnte, schießt es mir durch den Kopf. Aber bin ich dann nicht ein großer unausstehlicher Egoist, den keiner mehr leiden kann? Mein Schwiegervater schnippt der Taube das letzte Stück Waffel hin und diese trollt sich glückselig mit der Beute im kurzen weiß-grauen Schnabel.

»Die hat's gut ...«, murmele ich leise vor mich hin.

»Was sagst du?«

Lipings Gesichtsausdruck gibt mir keinen Aufschluss darüber, ob sie ihren Plan, alleine zurück nach China zu fliegen, immer noch verfolgt.

»Ach nichts, lass uns gehen. Der Tag war anstrengend. Morgen geht's weiter in die Stadt der Liebe.«

Den Abend verbringen wir schweigend auf unserem Hotelbett. Ich starre auf mein Handy und Liping döst mit halb geschlossenen Augen vor sich hin. Der Fernseher im Nebenzimmer läuft auf voller Lautstärke. Trotzdem kann ich durch die Wand nichts von dem verstehen, was da gesprochen wird. Liegt vielleicht auch daran, dass der Nachrichtensprecher flämisch spricht. Die monotone Stimme hat auch auf mich eine einschläfernde Wirkung. Eigentlich wäre jetzt der perfekte Moment, das zu machen, wofür Flitterwochen eigentlich da sind. Es besteht aber definitiv noch Gesprächsbedarf.

»Und – willst du immer noch alleine zurück nach China fliegen?«

Liping dreht sich auf die andere Seite weg von mir.

»Sei froh, dass ich ...«

Sie wird von mehreren lautstarken Sirenen ganz in der Nähe unterbrochen. Für einen Moment denke ich an Lipings gesangsstarke Landsmänner und -frauen, die Jodel-Troubadoure, die ihr Kommen wie immer durch lautstarkes Jaulen ankündigen. Doch unsere Unterkunft ist viel zu klein, als dass sie 50 weitere Gäste beherbergen könnte. Und der Fahrzeuglärm direkt unter unserem Fenster und die gebrüllten Kommandos geben mir recht.

»De brandkraan daarginds!«
»Rol de slang uit!«
»Bereid de draaitafelladder voor.«

Ich sehe aus dem kleinen Fenster, das sich nicht öffnen lässt, wie Feuerwehrleute in gelben Schutzanzügen in unser Hotel rennen.

»Ich glaube, hier brennt's! Zieh dir schnell was über, Schatz!«

Ich selber greife den weißen Bademantel vom Stuhl, schlüpfe hinein und öffne die Zimmertür. Unsanft werde ich von vier Männern, die mit schweren Stiefelschritten durch unseren Flur laufen, zur Seite gestoßen. Ich sehe, wie sie die Tür mit der verschnörkelten 308 eintreten.

»Deine Eltern!«, rufe ich Liping zu und laufe den Feuerwehrleuten hinterher.

Ich stolpere fast über den breiten Schlauch, der sich die Treppe hoch bis ins Zimmer meiner Schwiegereltern schlängelt. Hinter den Einsatzkräften dränge ich mich ins Zimmer und schaue mich verdutzt um. Denn genauso wie sie rieche ich weder Rauch noch sehe ich Feuer. Was ich aber sehe, ist der Alte Zhu, der wie ein begossener Pudel mitten im Zimmer auf dem grünen Polsterstuhl sitzt. Begossen auch deswegen, weil die Sprinkleranlage ihren Job sehr gründlich gemacht hat und das ganze Zimmer samt seiner Bewohner mit mehreren Hundert Litern Wasser besprenkelt hat. Lehrerin Wang steht mit Lockenwicklern und im Schlafanzug in der Badezimmertür und schaut wie wir alle verdattert aus der Wäsche.

»Ich habe dir doch gesagt, du darfst hier nicht rauchen.«

Eigentlich hat sich der Alte Zhu während der gesamten Reise ganz brav an die europäischen Rauchverbote gehalten. Jetzt löst er sich aus seiner Erstarrung. »Habe ich doch gar nicht!!!!« Wehleidig blickt er auf die Plastikschale mit den noch dampfenden Nudeln und dem Gemüse, dessen Rauch direkt in Richtung Rauchmelder wabert. *Selbsterhitzender Hot Pot – Wo du auch bist, deine Heimat ist mit dir* steht in kunstvollen chinesischen Schriftzeichen auf dem Deckel. *Hot Pot*, das ist, wie der Name schon verrät, ein »heißer Topf«, wobei das *heiß* oft nicht nur die Temperatur beschreibt, sondern ebenso die Schärfe, weswegen er auch mit *Feuertopf* übersetzt werden kann. *Hot Pot* ist das chinesische Pendant zu Fondue. Mit vielen Freunden und zu besonderen Anlässen schmeckt er am besten. Ob zu Hause oder im Restaurant, in der Mitte steht immer ein großer Topf. Der ist meist zweigeteilt und auf der einen Seite mit scharfer, auf der anderen z.B. mit Hühner- oder Gemüsebrühe gefüllt. Dazu wird jede Menge rohes Fleisch, Meeresfrüchte und Gemüse gereicht, die jeder nach Belieben in der Brühe seiner Wahl gart. Diese Art zu speisen erfreut sich in ganz China unglaublicher Beliebtheit. »Es gibt kein Problem, das sich nicht bei einem guten Feuertopf lösen lässt«, sagt der chinesische Volksmund. »Und wenn doch, dann ist es zumindest eine gute Ausrede für einen zweiten.« Und da die Chinesen Reiseweltmeister sind, hat sich ein findiger Chemiker mit Geschäftssinn eine portable Version dieses Klassikers ausgedacht – den selbsterhitzenden *Hot Pot*. Das Plastikgefäß besteht aus zwei Schalen: unten ein Wasserbad und oben drauf eine etwas kleinere Schale für das Essen und die Brühe. Der Clou dabei ist ein kleiner unscheinbarer Stoffbeutel. Den gibt man zusammen mit ausreichend Wasser in das Wasserbad. Darüber platziert man die

Essensschale mit den mitgelieferten Gewürzen, Pasten und noch mehr Wasser. Und nun beginnt die Magie. Das Wasser im Wasserbad beginnt mit dem Inhalt des Beutels chemisch zu reagieren und fängt an zu sieden. Ganz ohne Strom! Die Hitze des kochenden Wassers bringt wiederum die Brühe samt Gemüse und Fleisch auf der zweiten Etage dieser genialen Konstruktion zum Brodeln. Und so kann man nach langer Abstinenz in der einsamen kalten Fremde den komprimierten Geschmack der chinesischen Heimat genießen. Genau das war der Plan meines chinesischen Schwiegervaters. Neben Zigaretten, Teeblättern und Anzug war in seinem Koffer wohl noch genug Platz für etwas Notproviant.

»Du hast heute doch schon vier belgische Waffeln mit süßer Sahne verdrückt. Wie viel willst du denn noch essen?«

Auch meine Schwiegermutter, die während des zweiten Abendessens ihres Mannes anscheinend mit ihrer allabendlichen Schönheitspflege beschäftigt war, hat nach all den Jahrzehnten Grund, über ihren Mann zu staunen.

»Ich werde von dem trockenen Zeug einfach nicht satt. Mein chinesischer Magen braucht Suppe.«

Auch wenn sie nichts von unserer Konversation verstanden haben, fangen die belgischen Feuerwehrleute an, ihre Schläuche wieder einzurollen. Hier gibt es nichts für sie zu tun. Mit dem Hotelhandtuch trocknet der Alte Zhu sich notdürftig ab, widmet sich dann aber wieder dem kulinarischen Mitbringsel aus der Heimat. Ob Feuer, Erdbeben oder Vulkanausbruch, keine Natur- oder menschengemachte Katastrophe würde eine Verschwendung des Feuertopfs rechtfertigen. Als auch der letzte Feuerwehrmann mit einem Kopfschütteln Zimmer 308 durch die eingetretene Tür verlässt, spült mein Schwiegervater den letzten Bissen Hot-Pot-Nudeln mit einem Schluck Tee aus dem Gurkenglas hinunter.

Die Rechnung für den Feuerwehreinsatz, die neue Tür und die Trocknung des Hotelzimmers bezahle ich zähneknirschend. So langsam neigen sich die Euro-Geldreserven aus den Umschlägen, die wir zu unserer Hochzeit bekommen haben, dem Ende zu.

»Leider akzeptieren die ja kein Alipay oder WeChat hier.« Besonders leid scheint dieser Umstand meinen drei chinesischen Reisebegleitern nicht zu tun. Aber so habe ich zumindest ein Ass im Ärmel.

»Damit müssen wir uns leider von Mei-Qing-Gen, Ying-Ge-Er-Shi-Ta-Te und Lu-Er-Meng-De verabschieden.«

Die eigentlich eingeplanten Besuche bei den Designer-Outlets lässt unsere Reisekasse – zum Glück – nicht mehr zu. Natürlich hätten wir da problemlos mit unseren chinesischen Handys bezahlen können, das ist aber ein Fakt, den ich lieber für mich behalte.

Mit dem Maximaltempo von 120 Stundenkilometern haben wir uns in aller Frühe über die belgische Autobahn auf den Weg nach Frankreich gemacht. Liping schweigt. Sie ärgert sich wahrscheinlich immer noch über die höhere Gewalt, die ihr die Besuche in den europäischen Shoppingcentern verhagelt hat.

»Zumindest hat Papa eine gute Geschichte zu erzählen, wenn wir wieder zu Hause sind«, seufzt sie.

»Genau was ich immer sage.« Ich schaue meine Frau an, die zur Abwechslung mal neben mir auf dem Beifahrersitz sitzt. »Wir sollten unser Geld für Erlebnisse ausgeben und nicht für Dinge. In zwei Jahren ist die Luxustasche aus der Mode gekommen, aber die Geschichte mit dem Feuertopf und der Sprinkleranlage immer noch lustig.«

Wie zur Bestätigung gibt Lipings Vater auf der Rückbank einen besonders lauten Schnarcher von sich.

***

»Wer hätte gedacht, dass wir zwei noch mal zusammen in die Stadt der Liebe kommen würden?«

Eigentlich hätte ich diesen Satz zu Liping sagen sollen, doch der Alte Zhu hat wohl einen romantischen Anflug. Er lächelt seine Frau an. Auch ich drücke Lipings Hand ein bisschen fester, als wir gemeinsam die Rue de Rivoli entlangschlendern. Doch Paris zeigt sich heute eher von seiner grauen regnerischen Seite und meine Frau legt eine ähnliche Attitüde mir gegenüber an den Tag. Ich versuche, die Situation ein wenig aufzulockern.

»Vor ein paar Jahren wollte er mich noch aus euerm Haus rausschmeißen und jetzt verbringen wir gemeinsam mit deinem Vater unsere Flitterwochen mit Blick auf den Eiffelturm.«

Lipings Eltern sind uns einige Meter voraus und genießen den Spaziergang sichtlich. Immer wieder zwickt der Alte Zhu seiner Frau in den Oberarm und sie regt sich spielerisch darüber auf. »Normale Ehen zwischen normalen Leuten aus demselben Kulturkreis sind schon oft zum Scheitern verurteilt. Und wir beide sind ja alles«, auch ich zwicke meine Frau in den Arm, »nur nicht normal.«

Die Frage ist doch: Was ist denn überhaupt normal? Wenn ich genauer darüber nachdenke, finde ich weder meine eigenen Eltern noch meine Schwiegereltern normal. Und alle anderen Ehepaare um uns herum, egal ob in China oder in Deutschland, ebenso wenig. Sie alle haben ihre Macken und Ticks. Und zwar so viele davon, dass keiner von ihnen in die Schublade mit der Aufschrift »normal« gesteckt werden könnte. Ich bin der Überzeugung, dass, wenn man eine »Globale Konferenz der Kinder mit normalen Eltern« einberufen würde, die Marienheider Kneipe Zum Ochsenkopf als Veranstaltungsort völlig ausreichen würde. Die sieben Sitzplätze wären mehr als genug. Und wenn alle anderen nicht normal sind, warum sollten sie das von mir verlangen können? Auch ich habe ein Recht auf mein eigenes Unnormalsein.

»Ja, Mama, was ist denn?«

Wenn meine Mutter eins besonders gut kann, dann ist es, genau im falschen Moment anzurufen.

»Ja, Thomas. Wollte nur sagen, dass wir gut zu Hause angekommen sind.« Na, zumindest scheint kein neues Drama losgebrochen zu sein. »Wann kommt ihr denn wieder zurück?«

Ich weiche einer Pfütze aus und beobachte, wie mein Schwiegervater sich ein paar Meter vor uns mit einer Frau mit einem auffällig großen, bunten Haarband unterhält.

»Übermorgen im Laufe des Tages.«

»Ach gut, ich wollte gleich in den Supermarkt fahren, heute ist der Schweinebauch im Angebot, nur 3,99 Euro das Kilo!«

Bei dem Gedanken an Mamas Schweinebauch mit Dörrfrüchten aus dem Ofen muss ich einmal tief Luft holen.

»Was wünscht ihr euch denn sonst noch?«

»RUHE! ABGESCHIEDENHEIT! GEFÜLLTE OLIVEN MIT FETAKÄSE!«, brülle ich in Gedanken.

»Das reicht vollkommen, Mama, wir haben die Tage wirklich sehr gut gegessen.«

Während meine Mama darüber referiert, dass auswärts essen unmöglich gesund sein kann, sehe ich, wie mein Schwiegervater sein Gucci-Portemonnaie aus der Tasche holt und der Frau all seine Euro-Ersparnisse präsentiert.

»Ich muss jetzt auflegen, Mama, bis dann!«

Die beleibte Frau in dem Blumenkleid, das sich auf Höhe ihrer Brust und ihres Bauches stark wölbt, hat in der Hand ein paar sehr traurig aussehende Rosen, die einzeln in Plastikfolie verpackt sind. Anscheinend will der Alte Zhu in einer romantischen Anwandlung seiner Frau ein paar Blumen kaufen. Die Dame ist aber mitnichten eine einfache Blumenverkäuferin. Ich sehe, dass von der Straßenecke ein Jugendlicher zu den beiden stößt. Den beiden geht es definitiv nicht darum, den chinesischen Touristen bei seiner Liebeserklärung zu unterstützen, sondern ganz offensichtlich darum, ihn um seine Reisekasse und, wenn es glatt läuft, auch um sein Smartphone zu erleichtern. Schnell laufe ich zu ihnen hinüber. Als die Frau mich sieht, greift sie beherzt nach dem Portemonnaie des Alten Zhu und will damit weglaufen. Doch sie hat nicht mit Lehrerin Wang gerechnet. Endlich rechtfertigt ihr Luxusaccessoire aus echtem italienischen Leder seinen vierstelligen Preis. Beherzt zieht sie der Dame mit ihrer Handtasche eins über den Kopf. Diese lässt das Portemonnaie fallen und macht sich zusammen mit ihrem jungen Kompagnon aus dem Staub.

»Ihr habt mir vielleicht einen Schrecken eingejagt!« Ärgerlich schaut mein Schwiegervater mich und Lehrerin Wang an. »Jetzt will ich einmal im Leben in der Stadt der Liebe romantisch sein und ihr verderbt alles.«

Ohne ein Wort des Dankes stapft der alte Romantiker davon in Richtung Boulevard Haussmann. Verdattert schauen wir ihm nach. Zumindest glaubt er an das Gute im Menschen. Wir folgen ihm und laufen gemächlich vorbei an wunderschön verzierten Hausfassaden und kleinen Gaststätten mit ausgefahrenen Markisen. Jedes Mal, wenn wir an einer der Pariser Luxusboutiquen vorbeigehen, schlottern mir die Knie. Auch wenn die Diskussion für den Moment aufgeschoben ist, ist sie längst nicht aufgehoben. Der Himmel hat sich zwar gelichtet und ein paar Sonnenstrahlen haben sich erfolgreich ihren Weg auf das Pariser Pflaster erkämpft, doch noch immer hängt eine Gewitterwolke in Form eines Designerhandtäschchens mit übergroßem Preisschild über Liping und mir.

KAPITEL 7

ZUM GEBURTSTAG KEIN GLÜCK

»Aber ich habe schon all meinen Freunden erzählt, dass wir fünf Länder besuchen. Und jetzt sind es nur vier!« Nervös sieht Lehrerin Wang auf ihr Handy. »Deutschland, Holland, Frankreich, Belize ...«

»Belgien.«

»... wie auch immer. Diese kleinen Zwergländer kennt sowieso kein Mensch.« Ungeduldig wedelt sie mit der Hand, als wolle sie meinen Einwurf schnell verscheuchen. »Das sind nur vier Länder, so geht das nicht. Da hätten wir den ganzen weiten Weg nach Europa gar nicht auf uns zu nehmen brauchen.«

Einerseits kann ich verstehen, dass man möglichst viel erleben möchte, wenn man mit seinem Flug um die halbe Welt schon so viel CO_2 in die Atmosphäre gepustet hat. Andererseits bin ich mir sicher, dass Umweltbedenken eine nur sehr geringe Rolle in den Überlegungen meiner Schwiegermutter spielen. Viele asiatische Touristen, seien sie nun aus China oder Japan, können die Gelassenheit ihrer westlichen Gegenüber während des Urlaubs nicht verstehen. »Da haben die schon mal frei und reisen in ein fremdes Land, machen aber nichts anderes, als sich wie die Enten im Ofen braun rösten zu lassen.« Solche und ähnliche Kommentare muss ich hören, wenn ich Familie und Freunden in China von den Urlauben meiner deutschen Eltern erzähle. Diese bevorzugen es, zwei bis drei Wochen lang nach Ägypten oder in die Türkei zu fliegen und die gesamte Zeit das Hotelgelände und den hoteleigenen Strand nicht zu verlassen. Man könnte ja Gefahr laufen, auf Einheimische zu treffen. In diesem Punkt ähneln sie allerdings wiederum meinen Schwiegereltern, die es vorziehen, in jedem Land in den jeweiligen lokalen China-Restaurants zu speisen. Strandurlaub mit dem Ziel, so gebräunt wie möglich wieder nach Hause zu kommen, ist hingegen ein No-Go für 99 Prozent der chinesischen Touristen, vor allen Dingen für

168

die weiblichen. Aus dermatologischer Sicht ist das natürlich äußerst sinnvoll. Exzessives Bräunen der Haut kann sehr schädlich sein. Doch für die meisten Asiaten ist es eher ein Schönheitssymbol, besonders weiße Haut zu haben. Das führt zu einigen kruden Erfindungen wie zum Beispiel dem sogenannten *Facekini*. Der neueste Schrei in der chinesischen Bademode macht garantiert jeden modebewussten Bankräuber neidisch. Es handelt sich dabei um eine Stoffmaske, die man sich über den Kopf zieht. Sie hat vier kleine Öffnungen für Augen, Nasenlöcher und Mund. Alle anderen Partien von Gesicht und die ganze Halspartie sind komplett bedeckt. Somit kann man sich beim Strandurlaub den Badefreuden hingeben und ist bei der Rückkehr nach Hause so weiß wie vorher. Doch meine Schwiegermutter interessiert sich nicht für Badeurlaube. Dafür umso mehr für Selfies mit verschiedenen Hintergründen für die Gestaltung ihres zweiten Lebens auf diversen chinesischen Social-Media-Plattformen. Die größte Schande für sie wäre es, wenn sie weniger europäische Länder bereist hätte als die Nachbarin Xu aus der Wohnung gegenüber. Die Lieblingsbeschäftigung der Mittfünfzigerin ist es, auf Reisen inner- und außerhalb Chinas das Geld ihres Mannes zu verschleudern. (»Bevor es eine seiner Mätressen bekommt, bringe ich es lieber durch.«) Im letzten Herbst hat sie mit einer Reisegruppe in einer Woche vier europäische Länder bereist. Und mit Deutschland, den Niederlanden, Frankreich und Belgien befände sich Lehrerin Wang dann in einer Pattsituation. »Das wäre eine Schande.«

Das ist die perfekte Gelegenheit für mich, meine diplomatischen Fähigkeiten unter Beweis stellen. Ich setze meinen Willen durch, lasse es aber so aussehen, als hätte meine chinesische Familie die Entscheidung selber gefällt. Nach der Feuertopf-Episode in Brüssel haben wir einstimmig beschlossen, dass wir einen großen Umweg um alle Outlets auf dem Weg machen. Doch kurz vor der Abfahrt aus Paris beginnen Liping und ihre Mutter wieder damit, beiläufig zu erwähnen, dass unsere Route zurück nach Marienheide ja direkt vorbei an Roermond führe und wir nur die Ausfahrt runter müssten und schon da wären.

»Wir wollen uns ja nur ein bisschen umgucken.«

»Wir wollen gar nichts für uns kaufen, sondern für meine Freundin Tiffany, und auch Tante Wang hat eine Bestellung aufgegeben.«

»Dort akzeptieren die auch alle Alipay und WeChat.«

»Und außerdem musst du dich zwischendurch ja von der langen Fahrt ausruhen.«

Ausgerechnet jetzt, auf dem Schlussspurt unserer gemeinsamen Flitterwochen, haben die beiden Damen ihr Mitgefühl mit mir entdeckt. Na, wir werden ja sehen, wer dieses Spiel gewinnt. Als wir Paris hinter uns gelassen haben, läute ich die nächste Runde ein.

»Wir könnten einen kleinen Umweg über Luxemburg machen. Das ist ein kleines Land zwischen Frankreich, Belgien und Deutschland. Damit hättest du deine fünf Länder zusammen, Mama.«

Die Angesprochene schaut von ihrem Handy auf.

»Das wäre ja fantastisch.«

»Und es sind keine hundert Kilometer Umweg. Sollen wir das machen?«

»Auf jeden Fall.«

»Wir sind dabei.«

»Da war bestimmt noch keiner von meinen Freunden. Also, auf nach Litauen, gib Gas, Thomas!«

Auch Liping und ihr Vater sind begeistert von der Aussicht, in einem weiteren Zwergstaat Europas Selfies machen zu können. Ob der jetzt Liechtenstein, Luxemburg oder Litauen heißt, ist dabei letztlich egal. Die größte Provinz Chinas, Xinjiang, ist flächenmäßig größer als Deutschland, Frankreich und Spanien zusammen. Da kann man es ihnen nicht übelnehmen, wenn die unzähligen kleinen Staaten im gemeinen chinesischen Bewusstsein nicht präsent sind. Ich drücke aufs Gaspedal, um diese Wissenslücke zumindest bei meiner eigenen chinesischen Familie so schnell wie möglich zu schließen.

»Da wird deine Nachbarin sich aber gelb und grün ärgern, Mama.«

»Jaha, ich habe ihr gerade eine Nachricht geschickt. Sie schläft bestimmt noch. Aber wenn sie aufsteht, wird sie Augen machen.«

Zwar sind die Symptome nicht so stark ausgeprägt wie bei meinem Schwiegervater, aber auch Lehrerin Wang leidet an dem weitverbreiteten Gesicht-wahren-Syndrom. Freunde und Feinde, Bekannte und Unbekannte, alle sollen sie wissen, dass ihr Leben aufregender und interessanter ist als das aller anderen. Und das beliebteste Mittel dafür ist, nicht nur in China, das Mobiltelefon und die sozialen Medien. Da werden online Leben kreiert, die mit dem echten so viel gemeinsam haben wie die berühmte Winkekatze mit China – die kommt nämlich ursprünglich aus Japan.

Meine Schwiegermutter hat sich, wie ich finde, für ihr Alter außerordentlich gut gehalten. Sie kleidet sich geschmackvoll und mein Schwiegervater ist stolz, eine so hübsche und elegante Frau an seiner Seite zu haben. Aber einmal habe ich in der Vergangenheit den Fehler gemacht, ihr auf meinen Social-Media-Kanälen zum Geburtstag zu gratulieren und ein Foto zu benutzen, das sie in ihrer sehr natürlichen Schönheit zeigt.

»Das musst du sofort wieder löschen.« So aufgeregt habe ich sie noch nie erlebt wie damals am Telefon. »Ich sehe ja furchtbar faltig aus. Und meine Oberschenkel sind unglaublich fett.« Sie klang fast hysterisch. »Wenn das Bild die falschen Leute zu Gesicht bekommen – das wäre eine Katastrophe.« Ich habe ihr den Gefallen getan und das Bild gelöscht. »Warte einen Moment, ich schicke dir gleich ein neues. Das kannst du gerne posten.«

Das habe ich allerdings schön bleiben lassen, denn die Person, die auf dem neuen Bild zu sehen war, war eine Kunstfigur, aber ganz bestimmt nicht meine Schwiegermutter. Meine Schwiegermutter hatte das getan, was Millionen Frauen auf der ganzen Welt tun. Mit diversen Apps kann man mit wenigen Klicks Nasen schmälern, Brüste vergrößern, Lippen auffüllen, Wimpern verlängern und Zähne aufhellen. Doch dann sieht man andere Leute online, deren Leben noch perfekter, deren Zähne noch weißer und Augen noch größer sind – und schon schlagen Neid und Unzufriedenheit und im schlimmsten Fall Depression zu. Davor sind weder alte noch junge Leute gefeit. Und vor allen Dingen nicht meine auf ihre Außenwirkung so bedachte Schwiegermutter.

Ich versuche, in diesem Fall das Beste daraus zu machen. Als guter Schwiegersohn ermögliche ich ihr den Besuch in einem Land, das sie nicht kennt, und hindere sie gleichzeitig daran, Geld für Luxusartikel auszugeben, um damit Leute, die sie sowieso nicht mag, zu beeindrucken. Davon weiß sie aber noch nichts.

»Na ja, viel anders als in Marienheide sieht es hier ja nicht aus.«

Es stimmt schon, dass die meisten europäischen Länder vor allen Dingen mit viel grüner Natur, blauen Gewässern und braunen historischen Gebäuden aufwarten können und damit nur schwer unterscheidbar sind für Touristen aus Übersee.

»Aber zumindest waren wir in fünf Ländern. So hat sich die Reise doch gelohnt.«

Zufrieden über die reichliche Foto-Beute im Großherzogtum Luxemburg treten wir den Rückweg an.

»Alle einsteigen, bitte. Nächster Halt Marienheide.«

»Wie bitte?«

»Aber Roermond ...?«

Jetzt ist es an der Zeit, die Bombe platzen zu lassen.

»Von Luxemburg aus nehmen wir einen anderen Weg zurück.« Ich schaue in zwei sehr enttäuschte Damengesichter.

»Roermond liegt leider Hunderte Kilometer von unserer Strecke entfernt.«

Wortlos steigen alle in den Mietwagen und ich feiere klammheimlich meinen Triumph. Diese Grube haben sie sich selber gegraben und ich werde ihnen ganz bestimmt nicht wieder hinaushelfen. Während wir auf der deutschen Autobahn in Richtung Heimat rasen, sehe ich, wie meine Frau und ihre Mutter, in der vagen Hoffnung, vielleicht doch einen bekannten Namen wiederzuentdecken, sehnsüchtig auf jedes Ausfahrtschild schauen. Doch ich bleibe stur und nehme den direkten Weg nach Marienheide, ohne die leidenden Blicke meiner Mitfahrerinnen zu beachten.

***

»Na, hier scheint es dir wohl am besten zu gefallen.«

So langsam gewöhne ich mich an das Bild, wie der Alte Zhu im blauen Gartenstuhl auf der Wiese sitzt und abwechselnd an seiner Zigarette zieht und einen Schluck Tee trinkt.

Wir hätten auf unserer Reise zwar viele Gelegenheiten gehabt, für seinen Grünen Tee einen neuen Thermobecher zu kaufen, doch er hat sich anscheinend mit dem Gewürzgurkenglas angefreundet. Das Etikett ist mittlerweile komplett unlesbar und man sieht nur noch ein paar weiße Streifen und Klebereste.

»Ich zeige dir ein paar Fotos.«

Mein Vater sitzt neben meinem Schwiegervater auf einem Holzklotz und tut so, als würde er verstehen, was der ihm auf Chinesisch erzählt. Der Alte Zhu ist ein sehr mitteilsamer Mensch und freut sich immer darüber, wenn er einen geduldigen Zuhörer gefunden hat. Meine Eltern haben von der Petersilienhochzeit über Silberhochzeit bis zur diesjährigen Bleihochzeit so ziemlich alle Ehejubiläen gefeiert und mein Vater ist ein durchaus geübter Zuhörer. Sein einziges Manko ist, dass er sehr resistent gegen die Überzeugungsversuche seines chinesischen Gegenübers ist, doch zumindest eine Zigarette mit ihm mitzurauchen.

»Hier in Amsterdam wart ihr ja auch, aber das Rotlichtviertel ist gar nicht so spannend, wie ich es mir vorgestellt habe«, erzählt der Alte Zhu meinem nickenden Vater. »Die Leute sind sehr unentspannt da.«

Sein Gegenüber streckt nur den Daumen aus und lacht. Denn anders können die beiden nicht kommunizieren. Aber es scheint sie nicht zu stören. Ich beobachte die Szene und denke, dass es auch seine Vorteile hat, wenn man nicht miteinander reden kann. Deswegen kommen Menschen und Hunde ja so gut miteinander aus. Unsere besten Freunde verstehen die menschliche Natur und ihre Bedürfnisse, sprechen aber zum Glück nicht die menschliche Sprache. Ich denke an Blondi und Reika zurück. Die hätten bestimmt eine Menge zu erzählen, wenn sie könnten.

»Thomas, komm mal bitte her.«

Meine Mutter hat das Küchenfenster gekippt und verlangt nach ihrem jüngsten Sohn. Liping und ihre Mutter sitzen drinnen am Frühstückstisch und schlürfen die Reste ihrer Hühnersuppe, die meine Mama zum zweiten Mal auf dieser Reise für den chinesischen Besuch aufgesetzt hat. Dafür hat sie am Vortag dem nachbarlichen Hühnerstall einen Besuch abgestattet. Die Henne Huberta nahm ihre Henkersmahlzeit in Form von zwei Maiskörnern ein und wechselte gegen einen kleinen Obolus ihren Besitzer. Gerupft und ausgenommen fand Huberta ihre letzte Ruhestätte im weißen Emaille-Kochtopf mit dem Rosenmuster, der noch aus den Beständen meiner Großmutter stammt. Dort köchelte sie mehrere Stunden vor sich hin, um der chinesischen Verwandtschaft als erstes Frühstück nach der Heimkehr ins Rheinland zu dienen.

»Das war sehr lecker, Mama.«

Meine Mutter dreht sich zu Liping um und freut sich sichtlich über das Lob.

»Ja, meine Hühnersuppe ist weit und breit bekannt.«

Auch Lehrerin Wang schlürft bestätigend die letzten Reste aus ihrem Suppenteller.

»Thomas, hör mal. Morgen hat doch Lipings Papa Geburtstag. Was soll ich denn Schönes kochen?«

Gerne würde ich sagen, was sie lieber *nicht* kochen soll, denn ich sehe vor meinem geistigen Auge schon wieder Berge von Schweinshaxen und Sauerbraten. Ich lasse es aber sein. Bald sind wir wieder in Shanghai und da mache ich ihr die letzten Tage halt die Freude.

»Was immer du möchtest, aber mindestens ein Nudelgericht muss dabei sein. Nudeln dürfen bei einem chinesischen Geburtstag nicht fehlen.«

Die chinesische Sitte will es, dass alle Geburtstagsgäste die sogenannten Langes-Leben-Nudeln essen. Je länger die Nudeln, desto länger das Leben des Geburtstagskindes. Ich erinnere mich noch, dass der Alte Zhu sich an seinem letzten Geburtstag gefreut hatte wie ein Kind, als er eine besonders lange Nudel erwischte. Zur Feier des Tages steckte er sich seine Zigaretten in noch kürzeren Abständen als sonst an, da er sowieso nichts zu befürchten hatte. Die Nudeln hatten ihm ja ein langes Leben prophezeit, Teerlunge hin oder her.
»Gut, das mache ich.«
Und wieder dieser Blick. Sie kramt in ihrer imaginären Kochbuchbibliothek, zieht Rezepte heraus, schaut kurz drauf, überschlägt, was sie im Vorratsraum und Kühlschrank stehen hat, und steckt sie wieder zurück. Nach einigen Momenten hat sie ein passendes Rezept gefunden und legt es irgendwo im präfrontalen Kortex ab, um morgen früh schnell darauf zugreifen zu können.

***

Pünktlich um 12.30 Uhr am nächsten Tag, wie es bei uns eiserne Regel ist, hat meine deutsch-chinesische Familie sich zum Mittagessen um den großen Holztisch versammelt. Der biegt sich förmlich unter dem Gewicht der Speisen, die meine Mutter zu Ehren des Alten Zhu aufgetischt hat. Das Geburtstagskind sitzt am Tischende und staunt über die schiere Menge an Speisen. Vor ihm steht ein großes Holzbrett mit einer kalten Wurstplatte. Da schmiegen sich Röllchen von Putenbrust, Salami und Fleischwurst dicht aneinander. In der Mitte bilden 20 Mettenden um einen Pott Schweinskopfsülze einen Kreis, als wären sie die Sonnenstrahlen einer klumpigen Fleischsonne. Drei Petersiliensträußchen und in Scheiben geschnittene hart gekochte Eier sorgen für Farbkontraste zwischen den verschiedenen Rottönen auf dem Brett. Daneben steht ein Teller, auf dem sich goldgelb glänzende, von Fett triefende Schnitzel häufen. »Mein Speicherplatz ist bald voll.« Lehrerin Wang kommt mit dem Fotografieren gar nicht hinterher. Unermüdlich richtet sie ihre Handykamera auf die frisch gebackenen Baguettes, Rosmarinkartoffeln und Spargelstangen im Speckmantel, die alle in unzähligen Schalen und Schüsseln auf der Festtafel arrangiert sind. Meine Mutter lehnt stolz und zufrieden am Herd und bewundert von dort aus die Früchte ihrer Arbeit. Mit dem Handrücken wischt sie sich eine Strähne von der Stirn. Ich frage mich, ob sie das macht, weil sie ihre chinesische Schwiegerfamilie verwöhnen will oder weil sie beweisen möchte, dass sie die bessere Gastgeberin ist. Bei ihrem Chinabesuch haben meine Schwiegereltern alles drangesetzt, um der angeheirateten deutschen Verwandtschaft einen unvergesslichen Aufenthalt in Shanghai zu bereiten. Von Entenköpfen über Hummer bis zur Weichschildkröten-Suppe bekamen die Gäste aus Europa nur die feinsten Delikatessen aufgetischt. Da das aber vornehmlich in Restaurants geschah, war meine Mutter wenig beeindruckt. »Geld für so was aus dem Fenster werfen kann ja jeder.« Für die rheinische Hausfrau ist alles, was nicht selbst gemacht ist, verdächtig. »Man weiß ja nie, was die da so reintun. Und außerdem fehlt die wichtigste Zutat – eine Prise Liebe.« Und ein gehäufter Esslöffel Ehrgeiz, gepaart mit einem Schuss Eifersucht, füge ich in Gedanken hinzu. Schließlich konkurrieren sie alle ja um die Gunst der Kinder.

Ob es nun Schweineschnitzel ist oder Kung-Pao-Huhn, ich mag beide und sehe es nicht ein, warum ich mich für eines von beiden entscheiden soll.

»Mama, wo sind die Nudeln?«

Nachdem wir das Tischgebet gesprochen haben, lasse ich meinen Blick über den vollen Tisch schweifen. Ich erblicke alles Mögliche, nur keine Langes-Leben-Nudeln.

»Ach, die hätte ich ja fast vergessen.« Sie öffnet die Kühlschranktür und befördert eine mintgrüne Tupperschüssel heraus. Die größte, die sie besitzt. Mir schwant Schlimmes. Ich klatsche in die Hände.

»Dann einen guten Appetit! Fangt doch schon mal an.«

Liping pikst eine Bratwurst mit der Gabel auf, Lehrerin Wang schaut sich lieber noch einmal um, um abzuwägen, welche der Speisen kalorienärmer ist, und der Alte Zhu bearbeitet mit Messer und Gabel ein Stück Leberkäse. Ich nutze die Zeit, um die Optionen durchzuspielen. In meinem Elternhaus hat jedes Küchenutensil einen genau definierten Zweck. Die leicht durchsichtige Plastikschüssel, die meine Mutter immer noch vor meine Nase hält, kommt entweder zum Einsatz, wenn es gedünstetes Kaisergemüse mit Sauce hollandaise gibt oder Mamas berühmten Nudelsalat. Diese Mischung aus mehreren Kilo in Salzwasser gekochten Nudeln, drei Ringen Knoblauch-Fleischwurst, sechs gekochten Eiern und zwei Gläsern Essiggurken ist weit über die Dorfgrenzen Marienheides hinaus bekannt. Abgeschmeckt mit zwei ganzen Gläsern Mayonnaise hat dieser Klassiker schon viele Hochzeitsgäste erfreut und noch mehr Trauerfeiergäste über den Verlust ihrer Lieben hinweggetröstet. Doch was mich in den Panikmodus versetzt, ist die namensgebende Zutat dieses Gerichts: die Nudeln. Für ihren Nudelsalat benutzt meine Mutter immer Gabelspaghetti. Diese Nudeln sind eine Erfindung deutscher Pastahersteller und eine Beleidigung für jeden Italiener. Sie haben mit Spaghetti nur eines gemeinsam, nämlich, dass sie in die Kategorie »Nudeln« fallen. Aber mich interessiert momentan nicht der verletzte Stolz unserer südeuropäischen Freunde, sondern der Zusammenbruch, den mein chinesischer Schwiegervater erleiden wird, wenn er mitbekommt, dass die Mutter seines Schwiegersohnes ihm den baldigen Tod wünscht. Denn Gabelspaghetti sind die kürzesten Nudeln aus dem gesamten deutschen Supermarktsortiment. Irgendein gutmütiger Nudelfabrikant konnte es wahrscheinlich nicht mehr mitansehen, wie seine Blagen bei dem Versuch, Spaghetti auf ihre Gabeln zu bekommen, ihre Kleidung und die weiße Tischdecke mit Tomatensoße bekleckerten. Und statt die Spaghetti vor dem Kochen in zwei Hälften zu brechen oder nach dem Kochen mit der Schere in mundgerechte Stücke zu schneiden – was für Italiener ebenso ein Sakrileg darstellt –, hatte er eine andere Idee: Er produzierte wenige Zentimeter lange Eiernudeln, nannte sie Gabelspaghetti und fortan konnten seine Nachkommen diese ohne herumzukleckern mit der Gabel direkt in den Mund schieben. Viele deutsche Elterngenerationen haben es ihm seither gedankt, doch mir wird schwindelig.

Wenn der Alte Zhu an seinem zweiundfünfzigsten Geburtstag wenige Zentimeter lange Eiernudeln vorgesetzt bekommt, wird es eine selbsterfüllende Prophezeiung. Dann wird er mit hoher Wahrscheinlichkeit auf der Stelle an einem Herzinfarkt sterben. Es geht bei der chinesischen Tradition nicht darum, dass es *Nudeln* sind, sondern dass sie besonders *lang* sind.

»Mama, du hast doch bestimmt Spaghetti zu Hause?«

»Ja, natürlich, mehr als genug.« Meine Mama setzt den Nudelsalat zwischen Wurstplatte und Brotkorb ab. »Die waren letztens im Sonderangebot. 39 Cent die Packung und noch zwei Jahre vor dem Mindesthaltbarkeitsdatum.« Sie macht sich an der Schublade unter der Küchenarbeitsplatte zu schaffen. »Hier müssten zwei, drei Packungen drin sein und im Abstellraum sind mindestens zwei Kartons à 20 Packungen.«

Ich atme erleichtert auf. Die Spaghetti brauchen nur maximal zehn Minuten. Nachdem alle Gäste zum Abschluss eine Portion davon mit zum Glück reichlich vorhandener Bratensoße zu sich genommen haben, bedankt sich mein Schwiegervater bei meiner Mama für das Geburtstagsfestessen:

»Dang-ke, dang-ke!«

Zufrieden über den verhinderten GAU, befördere ich die letzte der 25 Zentimeter langen Nudeln in meinen Mund und sehe dem Alten Zhu hinterher, der sein heiß geliebtes Gurkenglas, das ihn nun schon im zweiten Lebensjahr begleitet, bis an den Rand mit heißem Wasser füllt und sich damit auf den Weg in den Garten macht für eine einsame Geburtstagszigarette. Wie er so auf der Wiese neben dem gelben Gartenhäuschen steht und den Rauch in die oberbergische Luft bläst, habe ich das Gefühl, dass er ein bisschen Heimweh hat. Mit Sicherheit denkt er gerade daran, wie es wäre, zusammen mit seinen alten Kumpels seinen Geburtstag zu begehen. Da wären bestimmt einige Flaschen hochprozentiger klarer *baijiu* involviert. Man würde über die Ehefrauen lästern und er könnte einige Geschichten aus Europa zum Besten geben. Von Begegnungen mit weißen Tauben, nackten Männerpopos und abgeleckten Butterbroten.

Wehmütig steckt er sich eine zweite Zigarette an und beobachtet sinnierend meine kleinen Nichten und Neffen, die an diesem lauen Frühlingstag im Garten herumtoben. Sie hatten sich für den Nachmittag zum Besuch bei Opa und Oma angemeldet. Liping und ich ziehen uns für ein Mittagsschläfchen zurück und Lehrerin Wang setzt sich mit einem frisch gebrühten Kaffee auf die Wohnzimmercouch. Der ist natürlich nur fürs Foto gedacht, trinken würde sie das schwarze bittere Getränk im Leben nie wieder. Ich bin gerade in die Phase des

Mittagsschlafes eingetreten, in der man nicht weiß, ob man bereits schläft oder noch wach ist. Man hört noch die Stimmen der Außenwelt, schwebt aber, eingepackt in warme, weiche Wattebäuschchen, gefühlt einen halben Meter über dem Bett. Als ich im Begriff bin, endgültig die Schwelle ins Land der Träume zu überschreiten, werde ich von einem gellenden Schrei daran gehindert. Im Bruchteil einer Sekunde krache ich recht unsanft aus meinem so gemütlichen Wattebett auf den Boden der Realität.

»Das war Papa!«

So wie Eltern unter zehn Babys heraushören können, ob es ihres ist, das gerade schreit, hat Liping direkt erkannt, dass der Schmerzensschrei aus der Kehle ihres Erzeugers stammt. Wir rappeln uns auf und laufen in den Garten. Dort stehen meine drei Nichten und Neffen ratlos um den Alten Zhu, der auf dem grünen Gras liegt und sich die Hüfte hält.

»Wir haben den nicht verkloppt, der wollte selber springen.«

Max popelt nervös mit dem linken Mittelfinger in der Nase.

Er strahlt diese ständige Angst fünfjähriger Jungs aus, bei etwas erwischt und unschuldig in die Mangel genommen zu werden. Nancy steht nur da, schaut auf den alten Chinesen zu ihren Füßen und zieht sich ratlos an den beiden blonden Zöpfen. Um sie herum stehen auf der ganzen Wiese verteilt umgekippte Gartenstühle und kleine Holzscheite.

»Das ist unser Pferdeparcours, Thomas.« Emilia zeigt stolz auf die verstreuten Gegenstände im Gras. »Mein Pferd heißt Martha, Nancys Neo ...«

»So helft mir doch, ich sterbe.«

Der Alte Zhu liegt immer noch stöhnend auf dem Boden. Er reibt sich mit einer Hand die Hüfte und hält mit der anderen den Fuß des blauen Plastikstuhls neben ihm fest. Ich neige meinen Kopf zur Seite. Was für einen Namen sein Pferd wohl hatte? Oder war er selber gar das Pferd?

»Was machst du denn für Sachen, Papa?« Liping kniet sich besorgt neben ihn auf den weichen Rasen.

»Ist nicht unsere Schuld, ehrlich. Wir haben Pferd und Reiter gespielt. Und dann kam dein Papa dazu, Liping.« Die Angesprochene tätschelt der aufgeregt erzählenden Nancy beruhigend die Wange. »Er ist zum Schuppen da gegangen und hat richtig krass Anlauf genommen.« Aus Nancy wird bestimmt mal eine sehr engagierte Sportreporterin. »Erst ist er eine Acht galoppiert, über die beiden Holzklötze gesprungen, und dann ...«

Der Alte Zhu stöhnt auf, als würde er verstehen, was meine Nichte da auf Deutsch schildert. Liping tätschelt ihm den Rücken, doch wir sind alle auf Nancys Erzählung fixiert.

»Das Hindernis zwei ist ja der Gartenstuhl.« Sie zeigt auf das blaue Plastikmöbel neben sich. »Er ist zwar richtig hoch gesprungen, aber sein Hosenbein ist am Stuhlbein hängen geblieben.«

»Das reimt sich! Hosenbein – Stuhlbein.« Max, der letzte Woche gerade sein erstes Gedicht im Kindergarten gelernt hat, zeigt seither eine Begeisterung für Reime. »Das Hosenbein des Reiterlein hängt ganz fest am Plastikbein. – Das ist nicht fein.«

Bevor er noch mehr von seinen Reimkünsten präsentieren kann, meldet sich Lehrerin Wang zu Wort. Sie hat von Nancys gestenreichen Erzählungen auch ohne Übersetzung anscheinend genug verstanden.

»Du dummer alter Mann«, schimpft sie ihn aus. »Brauchst du unbedingt eine Erinnerung daran, dass du heute 52 geworden bist?«

KAPITEL 8

KOMMT EIN CHINESE ZUM ARZT

Ich will mir gar nicht ausmalen, wie schlimm dieser Zwischenfall ausgegangen wäre, hätten wir nur die zwei Zentimeter kurzen Gabelspaghetti zum Geburtstagsessen des Alten Zhu gehabt. Mein Vater scheint das Gleiche zu denken. Um das deutsche Gesundheitssystem und unsere Reisekasse nicht noch mehr zu belasten, haben wir uns gegen einen Krankenwagen und für meinen Vater als Chauffeur entschieden. Dieser lenkt nun den alten Familien-Mercedes vorbei an Wäldern und Seen quer durchs Oberbergische in Richtung Notaufnahme des Gummersbacher Krankenhauses.

»Mach dir keine Sorgen«, sagt er mit Blick in den Rückspiegel zu meinem Schwiegervater, der eingeklemmt zwischen seiner Tochter und seiner Frau auf der Rückbank sitzt.

Ich habe auf dem Beifahrersitz Platz genommen, um meinen über 60 Jahre alten Vater mit dem nachlassenden Augenlicht zu warnen, falls ein Reh oder ein Wildschwein vor uns die Straße kreuzt. Er hat die eiserne Regel, dass er in seinem heiß geliebten Mercedes niemals auf dem Beifahrersitz Platz nehmen würde. »Ich habe ja sonst keinerlei Rechte in dieser Familie«, sagt er augenzwinkernd. Jetzt versucht er, meinen chinesischen Schwiegervater zu trösten, der sich immer noch mit schmerzverzerrtem Gesicht die rechte Hand an die Hüfte hält.

»Ich habe gerade extra noch eine zweite Portion Spaghetti gegessen.« Er reibt sich den Bauch. »Das reicht für mindestens zehn weitere Lebensjahre für uns beide. Einen echten Mann bringt so schnell nichts um.«

Ich übersetze die tröstenden Worte und Liping und ihre Mutter lachen herzhaft. Selbst der arme Patient ringt sich ein leichtes Lächeln ab.

***

»Dann brauche ich bitte einmal die Krankenversicherungskarte und dieses Formular hier ausgefüllt.«

Die Krankenschwester an der Rezeption der Notaufnahme heißt *Schwester Brigitte*, so steht es zumindest auf ihrem Namensschild, das genau auf Höhe ihres Herzens angebracht ist. Darunter steht in kleineren Lettern *Auszubildende*.

»Er ist zum Urlaub hier, er hat keine deutsche Krankenversicherung.«

Ich zeige auf meinen Schwiegervater, der im Rollstuhl neben der Eingangstür sitzt. Vom Garten ins Auto konnte er noch gut gehen. Aber anscheinend hat sich sein Zustand auf der Fahrt so rapide verschlechtert, dass er mit einem müden Fingerzeig auf den Rollstuhl wies, den er am Eingang der Notaufnahme erblickte. Ich habe ihn mit Hilfe meines Vaters also aus dem Wagen in den fahrbaren Untersatz gehoben.

»Ruf mich an, wenn ihr fertig seid.«

Wie viele Männer in seinem Alter hat mein Vater eine große Abneigung gegen Krankenhäuser. Das letzte Mal, als er seinen Fuß in eines gesetzt hat, war vor 30 Jahren – am Tag meiner Geburt. Was für eine Fügung: Damals wurde ich in einer Babywiege aus eben dieser Tür getragen. Und nun stehe ich aufrecht vor Schwester Brigitte, die mit großer Sicherheit damals noch nicht einmal in der Lebensplanung ihrer Eltern vorkam, aber dann rechtzeitig beschloss, den hehren Beruf der Gesundheits- und Krankenpflegerin im Kreiskrankenhaus Gummersbach zu erlernen, sodass sie just an dem Tag Schicht hat, an dem mein chinesischer Schwiegervater sich bei einem Hoppe-Reiter-Spiel die Hüfte verrenkt. Fügung hin oder her, in diesem Moment schaut sie mich mit einem Blick an, den ich nur allzu gut kenne. Es ist der Blick eines Sparkassenbeamten, wenn ein Kunde fünf Minuten vor Schalterschluss kommt, um 17 Kilo Kleingeld einzuzahlen. Es ist der Blick von Elke, der

Dame im Marienheider Bürgerbüro, wenn jemand ohne Termin am Montagmorgen um 09.30 Uhr bei ihr aufschlägt und einen Reisepass beantragen will, obwohl das nur am Dienstag- und Donnerstagnachmittag ab 14 Uhr – UND MIT VORHERIGER TERMINVEREINBARUNG, BITTE! – geht. Es ist der Blick all derjenigen, die feste Strukturen und Abläufe lieben, aber durch eine unglückliche Vorsehung auf jemanden treffen, der alles durcheinander bringt. Hätte Werner damals auf der Polizeiwache nicht schon ein paar Kölsch intus gehabt, hätte auch er diesen Blick gehabt. Mit Sicherheit.

»Wie, er hat keine Versicherungskarte? Jeder hat eine Versicherungskarte.«

»Bitte behandeln Sie ihn erst mal und wir bezahlen dann privat aus eigener Tasche.«

»Ja, aber welchen Krankenversicherungsschlüssel gebe ich dann im System ein?«, schnaubt sie mich an, während sie sich nervös zwei Strähnen ihres Ponys aus den Augen bläst.

In China hätte der behandelnde Arzt in dieser Zeit schon mindestens drei Patienten empfangen, diagnostiziert und geheilt, denke ich mir.

»Mein Name ist Zhu, ich bin ehemaliger Distrikt-Polizist, Inhaber der siebtgrößten ...«, ruft mein Schwiegervater ungeduldig von seinem Rollstuhl zu uns herüber.

Das hat Schwester Brigitte gerade noch gefehlt. Sie steht offensichtlich sowieso mit dem Computersystem auf Kriegsfuß und jetzt macht hier auch noch ein Chinese im Rollstuhl alle Pferde scheu. Sie schnappt sich das Mikro, drückt energisch auf den roten Knopf und verlangt über die Sprechanlage Hilfe.

»SCHWESTER MARIA, BITTE SCHNELLSTMÖGLICH ZUM EMPFANG!«

»Liping und Mama, geht ihr doch schon mal ins Wartezimmer und wartet da.«

Die beiden verschwinden durch die graue Tür neben der Patiententoilette. Plötzlich werde ich zur Seite gedrängt.

»Ich muss sofort einen Arzt sehen.«

Eine Mutter mit ihrem kleinen Sohn auf dem Arm drängt mich auf die Seite. Sie hat ihren klavierlackschwarzen Porsche Cayenne direkt vor den Eingang der Notaufnahme gefahren und nicht einmal die Türe geschlossen oder den Motor abgestellt. Sie kramt in ihrer Gucci-Tasche und fischt die Krankenversicherungskarte ihres Sohnes heraus. Aus welchem Outlet sie die wohl hat? Ein bisschen beneide ich sie. Nicht um ihren Wagen oder ihre Tasche, sondern um das gelb-grüne Plastikkärtchen in ihrer Hand. Das würde mein Leben und das von Schwester Brigitte momentan viel leichter machen.

»Der Justus Konstantin hat einen ganz schlimmen Schnupfen, seit drei Tagen schon. Und heute morgen war der Nasenausfluss ganz grün.«

»Einen Moment, bitte.« Inzwischen ist Schwester Maria eingetroffen und beugt sich zusammen mit der Auszubildenden über den Computerbildschirm. »Du wählst hier bei KV-Schlüssel einfach 07 Sonstiges aus und gibst dann in diesem Feld Selbstzahler ein.«

Während die Krankenschwestern auf der Tastatur herumtippen, muss ich feststellen, dass Justus Konstantin und der Alte Zhu eine Gemeinsamkeit haben. Beiden wird anscheinend schnell langweilig. Mein Schwiegervater hat das Problem gelöst, indem er sich selber wieder vor die Tür gerollt und dort mit einem sehr hageren, glatzköpfigen Mann Freundschaft geschlossen hat. Dieser umklammert mit der linken Hand einen fünfrädrigen Infusionsständer aus Edelstahl und mit der rechten eine Zigarette aus der etwas zerknitterten Packung, die mein Schwiegervater aus seiner Jackentasche geholt hat.

»Danke Ihnen!«

»Dang-ke, dang-ke, ja ja ja«, antwortet der Alte Zhu mit allen ihm zur Verfügung stehenden Deutschkenntnissen.

Der kleine Justus Konstantin hat sich eine andere Beschäftigung ausgesucht. Er greift nach dem schwarzen Kugelschreiber auf der Empfangstheke und schleudert ihn mitsamt Stifthalter und Kette Schwester Brigitte an der Oberarm.

»Aua!«

»Justus Konstantin Maximilian Paul Wasserfuhr!«

Ah, das ist also die Art von Müttern, deren ultimative Erziehungsmaßnahme es ist, das Kind beim vollen Namen zu nennen und dabei jede Silbe zu betonen.

»Die Mama ist sehr enttäuscht von dir.«

Den Angesprochenen schaut sie mit einem wirklich sehr überzeugenden enttäuschten Blick an. Der lässt nur ein Kichern vernehmen und hält Ausschau nach dem nächsten Wurfobjekt. Mit einem Seitenblick zu den beiden Krankenschwestern, von denen sich die eine mit schmerzverzerrtem Blick den Oberarm reibt, echauffiert sich die Porschefahrerin über die ihrem Stand so unangemessene Behandlung.

»Auch wenn dies offensichtlich ein Feld-Wald-und-Wiesen-Krankenhaus ist und man eine Ewigkeit warten muss, bis man überhaupt wahrgenommen wird ...« – jetzt schaut sie wieder ihren Sohn an – »... ist das noch lange kein Grund, mit Gegenständen um sich zu werfen, haben wir uns da verstanden?«

Der Junge, der sich nicht im Geringsten für den Vortrag seiner Mutter interessiert, versucht von der Theke zu springen, um den Eingangsbereich der Notaufnahme noch unsicherer zu machen. Ich sehe mich um und versuche, Gegenstände zu identifizieren, die dem Dreijährigen mit den vier

Namen als potenzielle Wurfobjekte dienen könnten. Glücklicherweise erblicke ich nur einen Getränkeautomaten, den Rollstuhl meines Schwiegervaters und einen massiven, aus Beton gegossenen Aschenbecher. Da muss der kleine Kerl noch mindestens zwei, drei Jahrzehnte trainieren, bevor er mit diesen Dingen Schaden anrichten kann. Aber wahrscheinlich wird er eher Jura studieren als Bodybuilder oder Getränkeautomatenweitwerfer werden.

»So, Herr Zhu, bitte einmal hier unterschreiben und dann im Wartezimmer Platz nehmen.«

Ich eile vor die Tür.

»Wir müssen dann, auf Wiedersehen.«

Im Namen des Alten Zhu verabschiede ich mich von seiner kurzen Nikotin-Bekanntschaft. Der dürre Mann, dem der Krankenhausaufenthalt offenbar das letzte Gramm von den Rippen gezehrt hat, schiebt emotionslos und ohne ein Wort zu verlieren seinen Infusionsständer zurück in das nach Desinfektionsmittel riechende Gebäude. Währenddessen hustet er ununterbrochen und hält sich ein fleckiges Taschentuch vor den Mund. Wahrscheinlich hat ihm der chinesische Tabak den Rest gegeben.

»Guter Mann.« Mein Schwiegervater blickt ihm nach, wie er in Richtung Aufzug schlurft. Die Hosenbeine des blaugrau gestreiften Krankenhausschlafanzugs schleifen auf dem Boden hinter ihm her. »Würden uns bestimmt gut verstehen, wenn er Chinesisch sprechen könnte.«

Ich habe hingegen das Gefühl, dass die Zigarette meines Schwiegervaters ein weiterer Sargnagel für das letzte Möbelstück des Mannes war. Wenn er in diesem Leben noch Chinesisch lernen will, dann muss er sich ranhalten. Zugegeben, die chinesischen Zeichen für *Teer*, *Lunge* und *Tod* sind nicht besonders kompliziert.

Nachdem er seine Unterschrift auf das Formular gekritzelt hat, schiebe ich den Alten Zhu ins Wartezimmer. Hinter uns kann ich hören, wie die Mutter von JK, so nenne ich ihn jetzt, ihrem Unmut Luft macht.

»Ich will jetzt den Oberarzt sehen, sofort. Mein Sohn ist schwer erkrankt, er hat grünen Nasenausfluss.« Sie stampft tatsächlich mit dem Fuß auf. »Mein Mann sitzt im Stadtrat, wenn Ihnen Ihr Job lieb ist ...«

Da fällt hinter uns die Tür des Wartezimmers ins Schloss und uns umgibt eine fast unheimliche Ruhe. Ich erblicke Liping und ihre Mutter, die rechts vom Fenster mit den halb heruntergelassenen Jalousien nebeneinander auf zwei braunen Holzstühlen mit grünen Polstern sitzen. Neben ihnen befinden sich in dem quadratischen Raum noch etwa zehn Patienten, denen man ansieht, dass sie jetzt gerne überall wären, nur nicht hier.

»Mhhmmjataghmmhm.«

Ich murmele so etwas wie eine Begrüßung, und alle Anwesenden ignorieren mich glücklicherweise. Eine stark beleibte Frau in einer grauen, sehr eng anliegenden Jogginghose und einem übergroßen, stark ausgewaschenen pinken T-Shirt hat ihr rechtes Bein ausgestreckt und auf dem Zeitschriftentisch in der Mitte abgelegt. Der Knöchel ist behelfsmäßig bandagiert und ihre Ferse bohrt sich in das Gesicht einer englischen Adligen, die entweder wieder oder nicht mehr schwanger ist, so genau kann ich das nicht entziffern. Ihr gegenüber liegt ein Jugendlicher auf zwei Sitzen, der mit Hilfe von Alkohol oder anderen Drogen der harschen Realität eines Teenagers, der mitten auf dem Land aufwächst, wohl entfliehen wollte, dabei aber anscheinend stark über die Stränge geschlagen hat. Seinem Zustand nach zu urteilen, ist er entweder gegen einen Laternenpfosten oder in die Faust eines

Nebenbuhlers gelaufen. Seine Freundin mit grünen Haaren und einem Nasenpiercing hält ihm einen in ein Handtuch gewickelten Eisbeutel an die Nase. Der weiße Stoff ist an den meisten Stellen rot verfärbt und der Junge winselt immer auf, wenn seine Geliebte ihm den kalten Beutel zu fest an das demolierte Riechorgan drückt. Die restlichen acht Mitleidenden versuchen angestrengt, möglichst nicht aufzufallen und jeglichen Blickkontakt zu vermeiden. Womöglich könnte sonst jemand auf die Idee kommen, ein Gespräch anzufangen. Zeit, sich zu unterhalten, hätte man in deutschen Wartezimmern ja mehr als genug. Doch irgendein ungeschriebenes Gesetz besagt, dass hier bis auf »Guten Tag« ein eisernes Schweigen zu herrschen hat. Und sollte man durch einen unglücklichen Zufall doch auf jemanden treffen, den man kennt, so unterhält man sich bitte im Flüsterton.

»Warum seid ihr Deutschen denn alle immer so schlecht drauf?«, brüllt mein Schwiegervater plötzlich auf Chinesisch die anderen Wartenden an. Natürlich redet er in gewöhnlicher Gesprächslautstärke, doch in diesem Lautvakuum kommt es mir so vor, als würde ein Düsenjet direkt neben uns starten.

»Ja, sollen die Leute denn Party feiern, oder was?«, flüstere ich zurück. »Das hier ist eine Notaufnahme.«

In China erinnern Wartebereiche in Krankenhäusern an geschäftige Bienenkörbe und nicht wie in Deutschland an den Gebetsraum eines Schweigeklosters. Es gibt keine Wartezimmer in China, es sind Wartehallen. Das liegt daran, dass eine große Bevölkerung natürlich auch eine große Anzahl an Patienten bedeutet. Wie viele deutsche Rentner gehen auch die alten Chinesen liebend gerne zum Arzt, da gibt es länder- und kulturübergreifend keinerlei Unterschiede. In China gibt es jedoch nur Krankenhäuser, in denen alle Allgemein- und Fachmediziner unter einem Dach untergebracht sind. Wenn man also bestimmte Beschwerden hat, geht man ins nächstbeste Krankenhaus, bezahlt eine Wartenummer-Gebühr von umgerechnet 2 bis 200 Euro (je nach Qualität und Ruf des Krankenhauses) und wartet, bis man aufgerufen wird. Wenn es so weit ist, hat man etwa anderthalb Minuten Zeit, um dem Arzt seine Symptome zu erklären und sich untersuchen zu lassen. Währenddessen stehen oft die darauffolgenden Nummern dicht gedrängt hinter einem und hören zu, weil man ja eventuell für die eigene Krankheit ein wenig Wissen abschöpfen kann. Der Arzt schreibt ein Rezept oder eine Überweisung zu seinem Kollegen im dritten Stock und schon ist der nächste Patient dran. Natürlich muss man auch in chinesischen Krankenhäusern meist stundenlang warten, das kann bei der schieren Masse an Menschen gar nicht anders sein. Aber dass man monatelang auf einen Facharzttermin wartet, das ist eine sehr deutsche Besonderheit. Der chinesische Arzt kann sich dafür natürlich nicht 30 Minuten Zeit für jeden Patienten nehmen, dazu sind es einfach zu viele. In 90 Prozent der Fälle ist das jedoch wahrscheinlich auch gar nicht notwendig.

Es gibt in China eine staatliche Krankenversicherung, diese deckt jedoch nur einen Teil der Kosten. Das ist auch der Grund dafür, dass die Sparquote dort fast drei Mal so hoch ist wie in Deutschland. Bei uns werden etwa 16 Prozent des verfügbaren Einkommens gespart, im Reich der Mitte mehr als 47 Prozent. Denn sollte jemand aus der Familie an einer schweren Krankheit, z.B. Krebs, erkranken, so kann das eine immense finanzielle Belastung für die ganze Familie bedeuten. Zwar werden die Grundkosten für die Behandlung und den Krankenhausaufenthalt übernommen, doch ist so eine Krankheit wie ein Fass ohne Boden. Es kommen Mehrkosten auf einen zu, wenn man in ein besseres Krankenhaus möchte, von einem besseren Spezialisten behandelt werden möchte,

Medikamente aus Übersee beziehen möchte und so weiter. Schwere Krankheiten haben schon so manche chinesische Familie in den finanziellen Ruin getrieben. Doch das Gesundheitssystem entwickelt sich weiter und steht immer mehr Chinesen, egal ob auf dem Land oder in der Stadt, zur Verfügung. Man muss wissen, dass das chinesische Gesundheitssystem deutlich jünger als das deutsche ist und so ein System für 1,4 Milliarden Menschen durchaus komplexer ist als eins für 80 Millionen. Und doch gibt es in jedem der beiden Länder Menschen, die über die aktuelle Situation klagen.

Der Alte Zhu gehört momentan nicht zu diesem Schlag Menschen. Nachdem er festgestellt hat, dass sich niemand mit ihm unterhalten will, ist er friedlich in seinem Rollstuhl eingenickt. Auch von dem mit Kugelschreiberhaltern um sich werfenden Blag und seiner Erziehungsberechtigten ist weder etwas zu sehen noch zu hören. Entweder ist Schwester Brigittes Geduldsfaden endgültig gerissen und sie hat beide vor die Tür gesetzt oder die Mutter ist freiwillig wieder in ihren Porsche gehüpft, um ihren Zögling über die Autobahn ins Uniklinikum Köln zu bringen, wo sie eine standesgemäße Behandlung erwartet. Meine Schwiegermutter blättert derweil in einer Klatsch-Zeitschrift und informiert sich anhand der großflächigen Farbbilder darüber, welche europäischen Blaublüter sich in dieser Woche verzofft, vermählt oder vermehrt haben. Liping blickt gelangweilt auf ihr Handy und ich nutze den ruhigen Moment, um die Flitterwochen mit meiner chinesischen Schwiegerfamilie, die sich ihrem Ende entgegenneigen, Revue passieren zu lassen.

Ich wusste von Anfang an, dass es nicht einfach werden würde, in eine chinesische Familie einzuheiraten. Ja, ich fühle mich wirklich so, als hätte *ich* bei ihnen eingeheiratet. Im traditionellen chinesischen Sprachgebrauch heiratet die Frau in die Familie des Mannes ein und der Mann »nimmt sie sich zur Frau«. Doch bei uns ist alles anders. Liping scheint die kulturellen Hürden zwischen China und Deutschland ohne sichtbare Anstrengung zu nehmen. Dabei sind nicht nur die Unterschiede zwischen unseren beiden Heimatländern unheimlich groß, unsere Familien könnten auch nicht unterschiedlicher sein. Und doch schafft es meine Frau spielend, die Herzen eines jeden Familienmitglieds zu erobern. Ihr Vater hat sich immer einen Sohn gewünscht und sie das jahrelang wissen lassen. Als ihr das als junge Erwachsene zu viel wurde, hat sie ihm – in ihren Worten – »den inneren Mittelfinger gezeigt«. Sie hat angefangen, ihn, neben ihrem eigentlichen Job, im Fahrschulbusiness zu unterstützen. Von der Pike auf hat sie für ihn das Onlinegeschäft aufgebaut, von dem er keinen blassen Schimmer hatte. »Und dann hat er irgendwann verstanden, dass selbst drei Söhne einer Tochter wie mir nicht das Wasser reichen können.« Ich blicke zu Liping hinüber, die auf dem ungemütlichen Wartezimmer-Holzstuhl sitzt und wahrscheinlich gerade die Fragen von irgendwelchen potenziellen Fahrschülern im Tausende Kilometer entfernten Shanghai beantwortet. Ich sage es ihr nicht oft, aber ich bewundere sie wirklich.

Da geht auf einmal die Tür auf und eine gestresste Schwester Brigitte stürzt herein.

»So, noch mal zur Info für alle: Aus Datenschutzgründen dürfen im Wartezimmer keine Patientennamen mehr aufgerufen werden.« Sie blickt auf das Klemmbrett in ihrer Hand. »Der Herr mit den vergrößerten Hämorrhoiden bitte in Behandlungszimmer 3.«

Damit verschwindet sie wieder aus der Tür. Alle Anwesenden blicken betreten zu Boden. Der Großteil, um sich ein Grinsen zu verkneifen, und ein bemitleidenswerter Mann mit schütterem Haar, um ja nicht aufzufallen.

»Sind wir endlich dran? Hat sie mich aufgerufen?« Der Alte Zhu kneift immer noch verschlafen das linke Auge zu und schaut mich mit dem anderen fragend an. Anscheinend unterschätzt er die Wartezeiten in deutschen Notaufnahmen ganz gewaltig.
»Ich hoffe nicht, dass sie dich gemeint hat«, antworte ich ihm auf Chinesisch.
Jedes Mal, wenn ich Chinesisch spreche, schauen mich die Mitwartenden ganz entgeistert an. Der gerade von Schwester Brigitte aufgerufene Mittfünfziger nutzt den Moment der geteilten Aufmerksamkeit und schleicht möglichst unauffällig durch den Warteraum zur Ausgangstür. Dabei murmelt er so etwas wie »Toilette suchen« in seinen grauen Stoppelbart. Die Tür ist noch nicht wieder ins Schloss gefallen, da wird sie aufgestoßen und eine mir sehr bekannte Stimme lässt ein überlautes »Tag zusammen!« ertönen. Sie blickt auf die drei Asiaten auf der einen Seite des Raumes und dann auf mich.
»Ach, Thomas, habe ich es mir doch gedacht, dass das *deine* Familie ist. So viele Japaner gibt es ja bei uns im Oberbergischen nicht. Konnichiwa!«
Mit gestelzter Höflichkeit begrüßt Cäcilia, die anstrengende Nachbarin meiner Eltern, den Alten Zhu und Lehrerin Wang. Na, die hat mir gerade noch gefehlt. Die Horrorvorstellung eines jeden Dorfbewohners ist es, Bekannte im Wartezimmer des Hausarztes, oder in unserem Fall in der Notaufnahme zu treffen. Nach der Begrüßung beschwert man sich über das Wetter, und wenn dann die Gesprächsthemen ausgegangen sind, kommt es zwangsläufig zu einem Punkt, an dem man sich über den Grund des Arztbesuches austauschen muss. Das führt unweigerlich dazu, dass einem am nächsten Tag die Supermarktkassiererin gute Besserung wünscht und die Bäckereifachverkäuferin aus Mitleid ein

Brötchen mehr einpackt. Cäcilie setzt sich auf den Stuhl, den der Patient mit den analen Beschwerden gerade freigegeben hat, und plappert fröhlich drauflos.

»Sie müssen wissen, mein Sohn, der Eugen, der war auch schon mal in Vietnam.«

Sie spricht besonders laut und betont, in der absurden Hoffnung, dass die Chinesen mit den nicht existenten Deutschkenntnissen auf diese Weise vielleicht doch etwas verstehen können. Aber wie oft bei alten Leuten mit einem hohen Mitteilungsbedürfnis geht es unserer Nachbarin ja auch primär darum, sich selber sprechen zu hören, und weniger darum, Reaktionen auf ihren Redeschwall zu erhalten.

»Weißt du Thomas, deine Mama macht sich Sorgen um dich.« Jetzt bin ich wohl der Empfänger ihres Monologs. »Tokio ist ja ganz schön weit entfernt, und was die da alles essen, das mag man sich gar nicht ausmalen.«

»Wir leben in Shanghai, in China, Cäcilie. Und die chinesische Küche ist für mich eine der besten der Welt.«

Die Dame rümpft theatralisch die Nase. Sie holt einen Taschenspiegel aus ihrer Handtasche und schiebt sich ihre grauen Strähnen hinter die Ohren. Dann schnappt sie sich eine Zeitschrift vom flachen Tischchen und schiebt dabei den bandagierten Fuß der korpulenten Dame unsanft zur Seite.

»Mensch, Alte, jetz pass doch mal auf. Erst quatscht du uns allen 'nen Knopf anne Backe und dann wirste auch noch gewalttätig. Schalt mal 'nen Gang runter hier, okay?«

Cäcilie würdigt sie keines Blickes und fächelt sich stattdessen mit der Zeitschrift frische Luft zu.

»Was für eine dicke Luft das hier ist.«

Ich blicke auf die Uhr. Inzwischen sitzen wir seit einer Stunde hier. Das kann sich im Zweifel noch verdrei- oder vervierfachen, falls zum Beispiel wieder ein Motorradfahrer die Kurven einer oberbergischen Landstraße unterschätzt hat.

Da steht mein Schwiegervater wie durch eine Wunderheilung aus seinem Rollstuhl in der Ecke des Raumes auf. Er besinnt sich allerdings ganz schnell, warum wir hier sind, und hält sich mit schmerzverzerrtem Gesicht die Hüfte.

»Wenn wir noch lange warten, werde ich womöglich hier in Deutschland unter die Erde gebracht.«

Damit geht er vor die Tür, um mit ein, zwei Zigaretten das Eintreten seiner Befürchtung ein Stückchen realistischer zu machen.

»Ist ja schon ein strenger Mann, dein Schwiegervater. Hat dich ganz schön unter der Fuchtel, was man so hört. Also, wenn die Eltern von meinem lieben Alfred, Gott habe sie und ihn selig, verlangt hätten, mit uns in die Flitterwochen nach Capri zu fahren, wäre ich denen aber aufs Dach gestiegen.« Cäcilie kichert leise. »Und wahrscheinlich würde es sonst den Eugen nicht geben. Denn nach den Flitterwochen war für die nächsten 40 Jahre im Schlafzimmer Funkstille.«

Auch wenn diese ungebetene Informationsflut bezüglich des Liebeslebens der 76-jährigen Cäcilie Obermann wahrscheinlich nicht bei ihm angekommen ist, stöhnt der Jugendliche mit der lädierten Nase laut auf. Uns geht es allen so. Ich seufze innerlich. Und ärgere mich gleichzeitig furchtbar über das, was die alte Nachbarin da behauptet hat. Wahrscheinlich liegt es daran, dass in dem Gesagten ein Körnchen Wahrheit steckt. Selbst für Außenstehende erscheint es offensichtlich, dass ich unter dem Druck stehe, es allen recht machen zu wollen. Meinen eigenen Eltern und meinen chinesischen Schwiegereltern.

Der Alte Zhu, der schon damit gestraft wurde, keinen männlichen Nachkommen zu haben, hatte große Hoffnungen

197

in seinen zukünftigen Schwiegersohn gesetzt. Und dann kommt der bleiche, übergewichtige ausländische Bachelorstudent ohne Geld, Wohnung und Auto um die Ecke und schnappt sich seine einzige Tochter. Wie ein Tiger hat er lange gegen mich gekämpft und im Endeffekt die Entscheidung seiner Tochter zumindest akzeptiert, wenn auch nie so richtig verstanden. Was er von mir hält, lässt er mich oft genug noch spüren. Gleichzeitig muss ich zugeben, dass auch meine eigenen Eltern alles andere als glücklich waren, als ich sie darüber aufgeklärt habe, dass ich mich in eine Chinesin aus einem buddhistischen Elternhaus verliebt hatte. »Aber was ist denn mit der Kirche? Und überhaupt, wie sollen wir uns mit ihr verständigen?« Für meine streng religiösen Eltern war fast eine Welt zusammengebrochen. Doch als sie ihre zukünftige Schwiegertochter persönlich kennenlernten, war alles anders. Da war es plötzlich egal, welcher Konfession sie angehört, welche Sprache sie spricht oder aus welchem Land sie kommt. »Du hast so eine tolle Frau, Thomas. Wir sind echt froh, noch eine so besondere Tochter bekommen zu haben.« Das alles hat Liping geschafft, ohne sich zu verstellen oder zu verbiegen. Im Grunde genommen hat sie allen um uns herum den inneren Mittelfinger gezeigt. »Ich bin so wie ich bin, ob die Leute es nun mögen oder nicht.« Komischerweise führte das dazu, dass alle in unserer Familie sie so ins Herz schlossen, wie sie ist. Haben denn alle andere Ansprüche an mich als an Liping? Oder mache ich es mir selber einfach zu schwer? Ich strecke meine Hand aus und betrachte den Mittelfinger meiner rechten Hand. Ich nehme mir vor, ihn auch mal häufiger auszustrecken. Nur im Geiste natürlich. Auch wenn das leichter gesagt als getan ist. Da werde ich in meinem Gedankengang von einer Stimme unterbrochen, die durch die nur angelehnte Tür ins Wartezimmer dringt.

»Nein, Herr Zhu, das geht nicht. Ich will Ihr Geld nicht.«
Wieder einmal höre ich die aufgeregte Stimme von Schwester Brigitte. Lehrerin Wang hat ihren Kopf gegen die Wand gelehnt und überbrückt die Wartezeit mit einem Nickerchen. Liping hat das lautstarke Stimmorgan der Krankenschwester ebenfalls gehört, nickt mir zu und zieht zwei Mal die Augenbrauen hoch, so als wolle sie mir sagen, dass ich das schon schaffe. Ich atme tief durch und erhebe mich von meinem Stuhl, um zu schauen, was mein Schwiegervater wohl wieder angestellt hat. Bei meinem Eintritt in die Rezeptionshalle sehe ich Schwester Brigitte hinter der Theke. Sie hat ihre Hände zu Fäusten geballt und steht auf Zehenspitzen. Wahrscheinlich, um sich größer und gefährlicher zu machen.

»Ihr treibt mich noch alle in den Wahnsinn!«

Über der Theke hängt ein betrunkener Obdachloser, neben ihm wieder eine Mutter, dieses Mal mit zwei plärrenden Kindern auf dem Arm, und in der Mitte der Alte Zhu, der ihr zwei Geldscheine hinhält.

»Money, money«, wiederholt er und wedelt mit den 100-Yuan-Noten vor dem rot angelaufenen Gesicht der jungen Auszubildenden hin und her.

Ich kenne Schwester Brigitte noch nicht lange, doch ich wette, dass ihr fertig ausformuliertes Kündigungsschreiben bereits in der Schublade liegt. Und am Ende dieser Schicht wird nicht viel fehlen, dass sie das Datum ergänzt und ihre Unterschrift daruntersetzt.

»Was machst du hier? Lass doch das arme Mädchen in Ruhe.«

Ich ziehe meinen Schwiegervater am Ärmel seiner Jacke weg von der Rezeption.

»Ich will ihr ja nur Gutes.« Fast beleidigt schaut er mich an. »Ich bin lebensgefährlich verletzt und eure deutschen Ärzte scheren sich nicht darum. Wir warten hier schon seit mindestens sieben Stunden.«

In diesem Moment hält ein Rettungswagen mit eingeschaltetem Blaulicht vor der Tür. Ich sehe, wie zwei Sanitäter aus der Fahrerkabine springen.

»Ich wollte den Prozess nur ein bisschen beschleunigen und ihr 200 Yuan dafür geben, dass ich schneller drankomme.« In China sind Geldscheine in den sogenannten »roten Umschlägen« trotz aller behördlichen Bemühungen immer noch weitverbreitete Türöffner. »Die wollte sie aber nicht, wahrscheinlich war es nicht genug. Ich habe aber kein Bargeld und Alipay kennt in diesem rückständigen Land ja kein Mensch.«

Die hintere Tür des Fahrzeugs wird von innen geöffnet und in größter Eile wird eine Trage mit einem Patienten herausgeschoben.

»Verdacht auf Herzinfarkt, Dr. Felder sofort in OP 1, Sauerstoff und Defi vorbereiten!«

Wir drücken uns an den Getränkeautomaten, um Platz zu machen. Nachdem sich die Schiebetür hinter dem Herzinfarkt-Patienten geschlossen hat, knöpfe ich mir den Alten Zhu vor.

»Du kannst froh sein, dass du bei den ganzen Zigaretten nicht auch mit einem Herzinfarkt auf der Trage da liegst. Du merkst selber, dass deine Hüfte jetzt nicht so wichtig ist, oder? Und wenn wir hier wirklich noch sieben Stunden warten müssen, so ist nur einer daran schuld, und zwar du selber.« Ganz erstaunt blickt mich mein Schwiegervater an. »Dass du mit fast 60 Jahren über Hindernisse springen willst, dafür kann weder ich noch Deutschland noch unser Gesundheitssystem etwas.« Keine Antwort. »Und jetzt setzt du dich schön ins Wartezimmer und wartest, bis du beziehungsweise deine Krankheit aufgerufen wird.«

Das hat er wohl verstanden. Ohne ein einziges Widerwort trollt er sich und ich werfe eine 1-Euro-Münze in den Kaffeeautomaten. Ich ignoriere die Tasten für Tee und Tomatensuppe und drücke auf den Knopf mit der Aufschrift *Kaffee*. Der Apparat ächzt und spuckt dann eine dunkelbraune Plastiktasse aus. Es rattert eine halbe Minute, bis endlich eine teerschwarze Flüssigkeit in den Becher tropft. Als auf dem Display das Wort *Ende* aufleuchtet, entreiße ich dem metallenen Greifer den Becher. Ich stoße mit mir selber auf meinen kleinen Triumph an. Das war der erste Mittelfinger in unserer Beziehung. Darauf sollen viele weitere folgen, schwöre ich mir. Natürlich nur in Gedanken. Nicht auszumalen, was meine gläubige Mutter für Qualen durchleben würde, wenn ihr jüngster Sohn trotz der guten Erziehung tagein, tagaus seinen Mitmenschen mit zwei ausgestreckten Mittelfingern begegnen würde.

»Heißes Wasser!«

Als ich das Wartezimmer betrete, kommt es mir vor, als schaute ich mir ein Stillleben im Museum zum zweiten Mal an. Die Statisten, ihre Sitz- bzw. Liegepositionen sowie die Gegenstände im Raum haben sich in meiner Abwesenheit kein bisschen verändert. Nachdem Cäcilie anscheinend der Gesprächsstoff ausgegangen ist (oder sie von den anderen Patienten gebeten wurde, den Mund zu halten), herrscht noch immer die gleiche trübe Stimmung wie bei unserer Ankunft. Mir fällt auf, dass ich gar nicht weiß, warum unsere Nachbarin überhaupt hier ist. Ich beiße mir auf die Lippen, damit mir die Frage danach nicht rausrutscht.

»Heißes Wasser!«, ruft mein Schwiegervater da wieder in den sonst stillen Raum. Er hat die Plastiktasse in meiner Hand erblickt und diese scheint ihm eine Eingebung beschert zu haben. »Kein Wunder, dass meine Heilung so schleichend vonstatten geht, ich habe die ganze Zeit keinen einzigen Tropfen heißes Wasser zu mir genommen. Lehrerin Wang!« Seine Frau öffnet langsam die Augen und schaut ihn schläfrig an. »Mein Glas!«

Sie kramt in ihrer braun-goldenen Designertasche und befördert das inzwischen weit gereiste Glas hervor, das ehemals 15 in Dill eingelegten Spreewaldgurken ein Zuhause bot und nun als Behälter für das Lebenselixier meines Schwiegervaters dient. Ich drücke ihm fünf Euromünzen in die Hand. Denn anders als in China werden die deutschen Kaffeeautomaten noch mit schnödem Bargeld betrieben.

***

»Es ist nur eine mittelschwere Prellung.«
Der behandelnde Arzt, Dr. Voigt, betrachtet durch seine Lesebrille ganz genau das Röntgenbild. Nachdem wir uns von der lädierten Nase und dem verstauchten Knöchel aus dem Wartezimmer verabschiedet haben, hatten wir es nach 3,5 Stunden Wartezeit tatsächlich geschafft, ins Behandlungszimmer vorgelassen zu werden. Schwester Brigitte war anscheinend bereits im Feierabend oder wahlweise auf dem Weg zur Arbeitsagentur, denn uns hatte ein junger Pfleger namens Martin dorthin begleitet. Der Alte Zhu war nach der langen Warterei richtig froh, endlich einen deutschen Doktor zu Gesicht zu bekommen.

»Dass ich mal von einem echten ausländischen Arzt behandelt werde, das hätte ich mir nie träumen lassen.«

In seiner Heimat Shanghai gibt es nur in internationalen Krankenhäusern ausländische Ärzte, und die zu konsultieren können sich in der Regel nur Expats leisten, deren Firmen die exorbitanten Versicherungsprämien dafür zahlen.

»Der kann bestimmt auch Englisch.« Wie ein Schuljunge am ersten Schultag sitzt er auf der Stuhlkante. Seine und meine Frau haben wir im Wartezimmer zurückgelassen und ich bin in meiner Rolle als Übersetzer mit in den Behandlungsraum gekommen. »Frag den Herrn Doktor doch bitte mal, ob ich sterben werde.«

»Das mit 100%iger Sicherheit, aber garantiert nicht an der Prellung hier«, lautet die Antwort. Erleichtert nimmt der Patient einen Schluck aus dem Gurkenglas. »Mit einer guten Salbe und ein wenig Schonen wird er in einer Woche wieder ganz der Alte sein.«

Ich persönlich hoffe ja, dass er aus dieser Episode etwas gelernt hat und nicht wieder ganz der Alte wird. Der Arzt tippt auf seinem Computer herum, um das Rezept für die Salbe auszustellen.

»Sag ihm, dass ich nur importierte Medikamente nehme.«

Er nestelt schon in seiner Tasche, aus der ich die beiden roten Scheine mit dem Mao-Emblem hervorblitzen sehe. Das soll wohl den Doktor bei seiner Medikamentenauswahl unterstützen.

»Beruhige dich, Papa, bei uns gibt es nur deutsche Medikamente.«

Viele Chinesen haben ein tiefes Misstrauen gegenüber chinesischen Medikamenten, und wenn sie es sich irgendwie leisten können, lassen sie sich mit Medikamenten aus den USA oder Europa behandeln. Das sind die sogenannten »importierten Medikamente«. Sie sind natürlich wesentlich teurer als die lokalen, genießen aber einen weitaus besseren Ruf.

»Und dass ich mehr heißes Wasser trinken soll, das braucht er nicht aufs Rezept zu schreiben, das weiß ich selber am besten.«

»Ja, Papa.«

KAPITEL 9

KARTOFFELBREI MIT STÄBCHEN

»Deutschland ist ein guter Ort für Rentner. Schön ruhig, gute Luft und viel Natur.«

Am Ende des Aufenthalts in der Heimat seines Schwiegersohnes kann der Alte Zhu als offiziell attestierter Pflegefall ohne schlechtes Gewissen stundenlang im Garten sitzen und nichts tun. Wenn die Schachtel leer ist, bringt Lehrerin Wang ihm neue Zigaretten. Meine Mutter, die lebenslange Kümmerin, kommt alle halbe Stunde aus der Küche in den Garten, um das Einmachglas, das aus ihrem Besitz in den des Alten Zhu übergegangen ist, wieder randvoll mit frisch gekochtem heißem Wasser zu befüllen.

»Ich sollte mir hier ein Haus kaufen. Was kosten die hier denn so?«

Liping und ich sitzen nebeneinander auf der Schaukel, die hier schon seit meiner Kindheit steht.

»Na ja, hier auf dem Land so zwischen dreihundert- und vierhunderttausend Euro.«

»Zwischen dreihundert- und vierhunderttausend? Das sind ja umgerechnet nur ...« Er schnippt die Asche von der Zigarette und kratzt sich am Kopf. »Lehrerin Wang, wie viel sind das umgerechnet in Chinesische Yuan?«

Die Angesprochene tritt aus dem Blumenbeet, in dem sie die letzte halbe Stunde damit verbracht hat, sich selber in zig verschiedenen Posen zu fotografieren. Dabei hat sie Rosen geküsst, ihre Wangen an Nelken geschmiegt und sich Vergissmeinnicht ins Haar gesteckt.

»Etwa zwischen zwei und drei Millionen.«

»Waaaaaas?« Sichtlich erregt lehnt er sich nach vorne, sodass die Beine des Plastikgartenstuhls bedenklich knarzen. »Das ist ja ein Schnäppchen! Unsere Wohnung in Shanghai hat über fünf Millionen Yuan gekostet, hat weniger Zimmer und ist mehr als zehn Kilometer vom Zentrum entfernt.«

Er scheint plötzlich Feuer und Flamme für den Marienheider Immobilienmarkt zu sein. Auch wenn wir Deutschen ständig darüber jammern, dass sich die Mittelschicht den Erwerb von Immobilien nicht mehr leisten kann, sind die Preise in den meisten Gegenden in Deutschland noch als moderat zu bezeichnen – zumindest im Vergleich. In fast allen chinesischen Großstädten ist es seit einigen Jahren praktisch unmöglich, mit einem oder auch zwei durchschnittlichen Angestelltengehältern eine Wohnung zu finanzieren. Glücklich sind diejenigen Wohnungseigentümer, die vor Jahrzehnten relativ günstig Wohnungen erworben haben. Sie profitierten von den explodierenden Preisen und vermehrten praktisch im Schlaf ihren Besitz. Junge Paare im heutigen China verzweifeln oft an den exorbitanten Preisen, die für eine Hochhauswohnung verlangt werden. Zugleich ist eine Wohnung nach wie vor (oder vielleicht immer mehr) ein sehr wichtiges Statussymbol in China. Selbst wenn es eine kleine Einzimmerwohnung in den letzten Randbezirken Pekings, Shanghais oder Guangzhous ist, kann man stolz ein Grundbuch mit dem eigenen Namen auf seinen Social-Media-Accounts posten. Und zusätzlich erhöht das die Chancen junger chinesischer Männer auf dem Heiratsmarkt. Wenn ich meinen chinesischen Freunden erzähle, dass die meisten Deutschen nach der Hochzeit zunächst zur Miete wohnen und man erst später, wenn man sich die Eigenleistung zusammengespart hat, überlegt eine Immobilie zu kaufen, blicke ich immer in sehr erstaunte Augen. Wenn ich dann noch verkünde, dass etwa 50 Prozent der Deutschen bis zu ihrem Lebensende zur Miete wohnen und nie Wohneigentum besitzen, schlägt das Erstaunen in Fassungslosigkeit um.

»Ja, fühlen die sich denn nicht ihr ganzes Leben lang unsicher? Der Vermieter könnte sie doch jeden Moment rausschmeißen, weil er die Wohnung selber braucht oder verkaufen will.«

Diese oft gehörte Frage rührt wahrscheinlich daher, dass es in China keinen ausgeprägten Mieterschutz wie in Deutschland gibt. Eine Wohnung sein Eigen zu nennen, ist das höchste der Gefühle für die meisten Chinesen. Aber um diesen Traum zu realisieren, ist oft die Hilfe von vielen gefragt. Großeltern und Eltern von beiden Seiten steuern große finanzielle Hilfen bei, damit junge Paare in Chinas Großstädten eine 50-Quadratmeter-Wohnung im 34. Stock eines gesichtslosen Hochhauses ihr Zuhause nennen können.

Und selbst wenn man diesen Traum realisiert hat, hat man auf dem Papier eigentlich nur ein 70-jähriges Gebrauchsrecht vom chinesischen Staat für diesen Wohnraum erworben. So ist das nun mal in einem sozialistischen System, der Boden gehört allen, ergo dem Staat. In dieser Hinsicht ist Deutschland wiederum ein Paradies in chinesischen Augen. Man hat nicht nur ein Wohnrecht, sondern es gehört einem auch das Haus und der Grund, auf dem es steht.

»Und das alles zu so einem Schnäppchenpreis. Und dann wohnen die Leute ein Leben lang zur Miete?!« Der Alte Zhu kann diese Eigenheit der Deutschen nicht so recht nachvollziehen.

»Nun, die meisten Deutschen haben nicht nur ein Kind oder ein Enkelkind, sondern mehrere. Da können nicht alle für einen zusammenlegen.«

»Wie auch immer. Wenn ich unsere Wohnung in China verkaufe, dann kaufe ich mir das da.«

Er zeigt mit dem glühenden Ende seiner Zigarette auf das dreistöckige Massivhaus mit dem Backsteinklinkern unserer Nachbarn. Im unteren Stock bewegt sich die Gardine. Das ist bestimmt Cäcilie, die dort wohnt. Zur Miete, versteht sich.

Zwar weiß ich immer noch nicht, welche Beschwerden sie vorgestern Nachmittag in die Notaufnahme des Gummersbacher Krankenhauses getrieben haben, dafür bin ich mir sicher, dass all ihre Telefonfreundinnen genau darüber unterrichtet sind, was in diesem Moment in unserem Garten vor sich geht. Wahrscheinlich haben sich durch die Strahlung des Telefonhörers, der wie angewachsen an ihre Wange ist, Kieferzysten gebildet. Sobald sie ihr Haus betritt, wandert der Hörer wie magnetisch angezogen an ihr rechtes oder linkes Ohr und folgt ihr auf ihrem immer gleichen Weg von Fenster zu Fenster. Mich würde es nicht wundern, wenn sich unter dem roten Plastiksitz der Schaukel und auf der Rutsche Wanzen befinden würden. Mit Sicherheit hat die alte Dame aber einen Fernkurs in Lippenlesen absolviert, um ja nichts davon zu verpassen, was im nachbarlichen Garten so geredet wird. Nun ja, in unserem Fall wird sie wohl den Zusatzkurs »Lippenlesen Chinesisch« dazubuchen müssen.

Meinem Schwiegervater jedenfalls hat es das Haus unserer Nachbarn sehr angetan. Wenn er mal in Rente gehen sollte, könnte er die Fahrschule und seine Wohnung verkaufen und hätte selbst beim Kauf eines großen deutschen Hauses noch so viel Geld auf der hohen Kante, dass er selbst ohne staatliche Rente komfortabel über die Runden kommen würde. Lehrerin Wang könnte die mittlere Etage haben und er würde die obere sein Reich nennen. Dort könnte er die Gardinen gelb rauchen und keiner würde sich daran stören. Seine neue Nachbarin, die Mutter seines deutschen Schwiegersohnes, würde es ihnen an nichts fehlen lassen. Sie würde immer dafür sorgen, dass sein Thermoglas bis an den Rand mit gutem, heilendem deutschen Heißwasser gefüllt ist.

»Ich werde ihnen ein Angebot machen.«

Raus aus dem Stuhl, rein in die Schuhe und schon macht sich der Alte Zhu auf den Weg zu den Nachbarn, um ihnen ein Kaufangebot für ihr Haus zu machen. Dass sie ihn nicht kennen und er kein Deutsch und sie kein Chinesisch sprechen, tut seinem Eifer keinen Abbruch. Ohne das geringste Anzeichen von Hüftschmerzen ist er um die Ecke verschwunden. Es vergehen kaum zwei Minuten, da hören wir, wie Zeus, der nachbarliche Dobermann, sich seine Hundeseele aus dem Leib bellt.

»Ja, fass! Zeus! Fass!«

»Hilfe!«, hören wir einen chinesischen Verzweiflungsschrei.

Und so schnell wie er verschwunden war, taucht mein Schwiegervater wieder in unserem Garten auf. Der einzige Unterschied ist, dass der linke Hemdsärmel den scharfen Zähnen des Wachhundes zum Opfer gefallen ist. Wahrscheinlich hat seine sensible Nase gewittert, dass da einer kommt, der ihm sein Zuhause streitig machen will.

»Ihr verdammten Gauner! Kommt noch mal hierher, um mein Haus auszuspionieren, und mein Hund macht Hackfleisch aus euch!«

Sein Herrchen hat wohl nur einen älteren Mann mit schwarzem Haar, dunkler Haut und zerrissenem Hemdsärmel weglaufen sehen und seine eigenen Schlüsse gezogen.

»Ich glaube, die wollen nicht verkaufen.«

Der Alte Zhu hat den Garten noch gar nicht wieder richtig betreten, da hat meine Mutter ihm auch schon das Hemd vom Leib gerissen, um es mit einem Flicken aus ihrer Stoffsammlung wieder zurechtzuschneidern.

***

»Wie wäre es, wenn wir heute Abend mal alle in ein richtiges deutsches China-Restaurant fahren?«

Meine Mutter ist in ihrem Kochzyklus wieder am Anfang angekommen und so türmen sich auf dem heimischen Esstisch die gleichen Speisen wie zu Beginn unserer Reise. Liping kann jetzt schon an den Pfannen und Schüsseln, die meine Mutter am Morgen aus den Schränken holt, erkennen, was es zu Mittag geben wird.

»Rostbratwürstchen in der großen schwarzen Pfanne, Salzkartoffeln in dem hohen Edelstahltopf und Sauerkraut in dem kleineren roten Topf.« Sie blickt auf die beiden Glasschalen daneben. »Und als Gemüsebeilage gibt es Dosenmais und saure Gurken aus dem Glas.«

»100 Punkte!«, gratuliere ich.

Die 24 Jahre, die ich unter diesem Dach gewohnt habe, haben mich natürlich zu einem Meister darin gemacht, zu erraten, was in der Küche in die Pfanne, in den Ofen oder in den Topf kommen würde. Um meine Mutter und vor allen Dingen unsere Mägen ein wenig zu entlasten und um meinen Schwiegervater über seinen geplatzten Rentner-Immobilientraum hinwegzutrösten, bin ich auf die Idee mit dem China-Restaurant gekommen. Obwohl das Büfett dort auch nicht gerade magenschonend ist. Nun ja, zumindest stellt es eine Abwechslung zur rheinischen Küche dar. Auf unserer Reise durch die europäischen Großstädte haben wir ja durchgehend die geheimen chinesischen Speisekarten der dortigen Restaurants in Anspruch genommen. So etwas sucht man allerdings in der Provinz vergeblich. Dort gibt es nur China-Restaurants, die Dinge anbieten, die dem gemeinen Deutschen als chinesische Spezialitäten verkauft werden. Und so kann man sich für 14,90 Euro den Magen mit allerlei Fleischgerichten, Meeresfrüchten und bis zur Unkenntlichkeit frittierten Speisen vollschlagen.

»Mein liebstes chinesisches Gericht sind gebackene Bananen mit Honig. Da haben sich deine Landsleute wirklich etwas Feines ausgedacht.«

Meine Mutter willigt ein und freut sich sichtlich darauf, auch mal die Kochkünste anderer Leute zu genießen. All das Fleisch und die Beilagen, die eigentlich für das Abendessen gedacht waren, hat sie in eine der drei Kühltruhen im Keller des Hauses gepackt (»Das können wir die Tage noch mal aufwärmen, das schmeckt bestimmt genauso gut«).

»Mir ist in meinen drei Jahren in China noch nie ein Gericht, das gebackenen Bananen auch nur im Entferntesten ähnelt, untergekommen. Und ich war schon in jeder Himmelsrichtung unterwegs.«

Doch als ich meiner chinesischen Familie davon erzähle, sind sie ganz gespannt auf dieses eigenartige Gericht.

Wenn man mit der Erwartung, dass es einfach eine eigene, neuartige Fusionsküche ist, in solch ein pseudo-asiatisches Restaurant geht, dann kann man das Essen durchaus genießen. Vorausgesetzt natürlich, man mag Glutamat.

Wir fahren auf Landstraßen durch die oberbergische Natur in Richtung Restaurant. Meine Eltern fahren bei meiner Schwester im Auto mit und wir vier sitzen im Mietwagen, der uns an unseren letzten Flitterwochentagen immer noch treu begleitet. Bald wird die Sonne untergehen und den Wald und die angrenzende Talsperre in ein goldenes Licht tauchen. Lehrerin Wang filmt die Landschaftsszenen vertikal mit ihrem Handy. Liping und selbst ihr Vater produzieren mit unzähligen *Ahs* und *Ohs* sowie einem gelegentlichen *Wow* die passende Geräuschkulisse für die Videoaufnahmen. Das Oberbergische versetzt den chinesischen Besuch auch nach mehreren Tagen offenbar ins Staunen.

»Mensch, Thomas. Du hast doch deine Drohne aus China mitgenommen. Die haben wir noch gar nicht benutzt. Ist die nicht hinten im Kofferraum?«
Da hat mein Schwiegervater recht. Und die schöne Landschaft in dem Licht der Abendsonne wird die Freunde meiner Schwiegereltern mit Sicherheit wahnsinnig beeindrucken. Ich biege scharf nach rechts auf einen Feldweg ab, der eigentlich nur für Land- und Forstwirtschaft freigegeben ist, und übersehe geflissentlich das rot umrandete Schild. Halb auf der Wiese, halb auf dem Feldweg parke ich den Wagen. Meine Eltern und Schwester sind wahrscheinlich schon um den runden Tisch des China-Restaurants Große Mauer versammelt. Dort nippen sie an einem halben Liter Ginger Ale für 3,90 Euro und schauen dem Docht der Paraffinkerze zu, wie er immer kürzer wird. Apropos, auch wenn ein Großteil der deutschen China-Restaurants diesen Eindruck erwecken, so lautet der chinesische Name des berühmtesten Bauwerks des Landes weder *Chinesische Mauer* noch *Große Mauer*. Die richtige und treffendere Übersetzung wäre *Lange Mauer*. Wie auch immer, meine Eltern werden sich ein wenig gedulden müssen, denn jetzt will ich erst mal meine Drohne fliegen lassen. Unter den neugierigen Augen des Alten Zhu starte ich mit einem Knopfdruck die kleinen Rotoren. Kaum ist die Drohne etwa drei Meter in der Luft, da sehe ich, wie ein blausilberner Polizeibus von der Landstraße her in den Feldweg einbiegt. Ich versuche, mich der Illusion hinzugeben, dass die Beamten bestimmt auf Verbrecherjagd sind und sich vielleicht ein ausgebrochener Sträfling in dem Waldstück nebenan verschanzt hat. Als der Beamte das Seitenfenster herunterlässt, sehe ich zu meinem Bedauern, dass es leider nicht unser Dorfpolizist Werner ist, sondern eine Polizeistreife aus der benachbarten Kreisstadt. Ach ja, Werner hat ja auch gar

keinen Dienstwagen mehr. Außerdem hätte er mit Sicherheit sofort Reißaus genommen, wenn er meinen Schwiegervater gesehen hätte. Wahrscheinlich hat er bis zum heutigen Tage Albträume davon, wie er als letzte Amtshandlung vor dem Renteneintritt dutzende ausländische Namen in das EDV-System eingeben muss. Während er verzweifelt versucht, der verdammten Technik Herr zu werden, wächst ihm ein langer weißer Bart, und kurz bevor er mit einem Herzinfarkt an seinem Schreibtisch im Marienheider Rathaus zusammenbricht, wacht er schweißgebadet auf.

»Ist das Ihre Drohne da?«

Der Polizist zeigt auf die graue Buchse mit den vier Propellern, die summend wenige Meter über dem Gras schwebt.

»Die da?«, frage ich unbedarft zurück, als würde über uns ein ganzer Drohnenschwarm fliegen.

»Ja, ganz genau. Die da.«

Dem Niveau meiner Rückfrage angemessen, antwortet er mir in einem Tempo und in einem Tonfall, den Erzieher normalerweise gegenüber begriffsstutzigen Kindergartenkindern anschlagen. Ich zögere mit der Antwort. Ich habe nur wenige Sekunden, um mir eine Strategie zu überlegen. Es abzustreiten, dass es meine Drohne ist, wäre einen Versuch wert, jedoch angesichts der ziemlich auffälligen Fernbedienung in meiner Hand unglaubwürdig. Ich könnte meinen Schwiegervater beschuldigen. Schließlich war es ja seine Idee, hier und heute die Drohne fliegen zu lassen. Aber noch einmal will ich ihn nicht in der Abstellkammer oder einer Ausnüchterungszelle einer deutschen Polizeiwache eingesperrt wissen. Außerdem sieht der wortführende Polizist so aus, als wüsste er, wie man ausländische Namen ins System eingibt. Oder als würde er zumindest auf gutem Fuß mit einer Kollegin stehen, die neben ihm sitzt. Es ist eine junge Polizistin, wahrscheinlich noch voller

Enthusiasmus, der man ihre Zielstrebigkeit ansieht. Die würde ihm bestimmt gerne zeigen, wie das geht.

Der Ordnungshüter ist in den besten Jahren und sieht südländisch aus. Ich tippe darauf, dass er Mario, Silvio oder Lorenzo heißt – weitverbreitete Namen im Rheinland. Auf jeden Fall gehört er zu der Generation, deren Eltern es sich zum ersten Mal leisten konnten, in den Flitterwochen und alle Jahre danach an denselben italienischen Küstenort zu fahren, um dort den Sommer zu verbringen. Dort wohnten sie immer im selben Hotel und die Mama verliebte sich jedes Jahr aufs Neue in denselben gut aussehenden jungen italienischen Kellner namens Mario, Silvio oder Lorenzo. Seine tiefbraunen Augen, das lockige Haar und die geschmeidige Stimme waren der Traum jeder rheinischen Hausfrau. Wenn dann Nachwuchs ins Haus stand, hatte die Mama – womöglich schon bei der Empfängnis – den wohlklingenden südländischen Namen für den Sprössling parat. Manchmal kam es vor, dass nicht nur der Name des Sohnemanns, sondern auch sein Äußeres darauf hinwies, dass zwischen dem Kellner und Mama mehr als nur Verliebtheit gewesen sein musste. Wie in diesem Fall. Der Polizist ist braun gebrannt und seine muskulösen Arme sind mit dichtem schwarzem Haar bedeckt. Im Armdrücken würde ich bestimmt gegen ihn verlieren. Auch dieses Spiel scheint aussichtslos. Ich gebe klein bei.

»Ja, das ist meine Drohne.«

Triumphierend schaltet Mario den Motor ab und schnallt sich ab.

»Die Kollegen nennen mich nicht umsonst den ›Drohnenjäger‹. Ich habe noch jede erlegt.« Seine Kollegin kichert und er steigt aus. »Dann holen Sie die doch bitte erst mal runter.«

Mit schuldbewusstem Blick lasse ich das Fluggerät auf der Wiese landen und das Summen verstummt. Wir hören jetzt nur noch die Vögel im Wald neben uns und die gelegentlichen Autos, die mit 70 Stundenkilometern auf der Landstraße an uns vorbeibrausen. Wenn sich in dem Waldstück tatsächlich ein entlaufener Strafgefangener versteckt, dann wäre das für ihn jetzt die beste Gelegenheit, sich auf und davon zu machen, denn der Ordnungshüter hält mir eine ellenlange Standpauke über meine Vergehen.

»Laut Durchführungsverordnung (EU) 2019/947, in der die europäischen Vorschriften für den Einsatz von Luftfahrzeugen ohne Besatzung an Bord (UAV/ULS) festgehalten sind ...«

»Ha-lou, ha-lou!«

Während Liping und ihre Mutter das Geschehen vom Wageninneren aus beobachten, kann der Alte Zhu nicht an sich halten, den Retter in der Not zu spielen. Das Mittel seiner Wahl sehe ich schon aus seiner Jackentasche herausblitzen. Silvio lässt sich aber nicht aus dem Konzept bringen.

»Einen Moment bitte.« Er bedeutet meinem Schwiegervater zu schweigen. »Sie müssen beim Flug einen Mindestabstand von 150 Metern zu Wohngebieten und Bundesstraßen einhalten.« Er weist mit dem Finger nach rechts, wo an die Wiese direkt ein Neubaugebiet grenzt, das sichtlich aus allen Nähten platzt. »Außerdem brauchen Sie für das Führen eines solchen Fluggerätes eine Haftpflichtversicherung und einen feuerfesten Adressaufkleber.«

Ich habe immer gedacht, die Chinesen hätten die Bürokratie für sich gepachtet, doch ich habe wahrscheinlich einfach zu lange nichts mit deutschen Beamten zu tun gehabt.

»Thomas, übersetz mal bitte. Hören Sie, mein lieber Mann.« Jetzt hält der Alte Zhu ihm ganz unverhohlen die 300 Yuan vor die Nase. Schwester Brigitte wollte er noch mit 200 rumkriegen. Wahrscheinlich hat er in irgendeiner Hosentasche noch

 216

einen zerknitterten 100er gefunden. »Wir sind so etwas wie Kollegen, müssen Sie wissen. Mein Name ist Zhu, ich war früher Distrikt-Polizist, habe jetzt eine Fahrschule, die siebtgrößte im Norden Shanghais übrigens. Außerdem bin ich stellvertretender Schriftführer des Mah-Jongg-Clubs PENG PENG 1994.«

»Wat sagt der? Ich sprech kein Koreanisch.« Plötzlich ist von dem Beamtensprech nichts mehr zu hören. »Und was hat er mit dem Gurkenglas da in der Hand vor?«

»Er meint nur, dass sie so was wie Kollegen sind, er war auch mal Polizist, und das Gurkenglas ...«

»Ja, dann weiß er bestimmt auch, dass Beamtenbestechung hier in Deutschland strafbar ist.«

Ich bedeute dem Alten Zhu mit einer Handbewegung, dass er sich ins Auto setzen soll. Ich habe keine Lust darauf, noch mehr Flitterwochenzeit auf deutschen Amtsstuben zu verbringen.

Lorenzo geht zum Polizeiwagen, um die Anzeige wegen meines groben Verstoßes gegen das deutsche Luftfahrtgesetz aufzunehmen. Zum Glück für ihn habe ich einen sehr einfachen deutschen Namen. Familien- und Vorname sind da, wo sie hingehören, es gibt keine Zweit- oder Mittelnamen, nicht einmal Umlaute habe ich zu bieten. Erleichternd kommt hinzu, dass die mobile Streife noch komplett analog arbeitet. So füllt Silvio also per Hand das Formular zur Tatbestandsaufnahme aus. Während er das tut, fällt mein Blick auf seinen Oberarm. Unter seinem kurzärmligen Hemd lugt ein Tattoo hervor. Ich schaue genau hin. Ja, das sind tatsächlich chinesische Zeichen. Doch irgendwas stimmt nicht. Unbewusst spannt Lorenzo beim Schreiben seinen trainierten Bizeps an und der Ärmel rutscht weiter hoch. Jetzt kann ich die drei Zeichen entziffern – 夏洛特 Xia luo te. Der chinesische Name für

Charlotte. Ich erkenne die Zeichen sofort, aber irgendetwas stimmt nicht. Ich blicke noch einmal näher hin und erkenne das Problem: Die Zeichen sind spiegelverkehrt. So etwas habe ich noch nie gesehen. Ich verstehe sehr gut, warum chinesische Schriftzeichen so eine Faszination auf Menschen aus der westlichen Hemisphäre ausüben. Sie sind nicht nur einfache Buchstaben, sondern entspringen zum größten Teil aus Bildern. Für die meisten Westler sind sie so fremd und undeutbar, dass der Träger eines solchen Tattoos sich dadurch wahrscheinlich ebenfalls von einer geheimnisvollen Aura umgeben fühlt. Und genau umgekehrt ist es in China. Der Großteil meiner tätowierten chinesischen Freunde bevorzugt englische Motive. Auch sie sollen ein Symbol für das Fremde sein. Doch da die meisten Tätowierer des Englischen nicht besonders mächtig sind, muss oft ein Online-Übersetzer den Übersetzungsjob übernehmen. Das Ergebnis sind Tattoos wie *Never don't give up* oder *It's get better*. Die Chinesen machen sich dann wiederum über die Ausländer lustig, die sich die drei Zeichen 鸡汤面 (Hühnersuppennudeln) oder 金猪 (Goldenes Schwein) tätowieren lassen, in dem Glauben, das wären besonders bedeutungsschwere Symbole. Da ist Marios *Charlotte* ja noch akzeptabel – aber spiegelverkehrt? Ich frage mich, wie der Tätowierer das hingekriegt hat. Hat er die Vorlage gegen das Licht gehalten? Sie falsch herum ausgedruckt? Einen Kopfstand gemacht, während er tätowiert hat? Es wird wohl für immer ein Rätsel bleiben. Da hat Mario das Formular auch schon fertig ausgefüllt und ich hole zähneknirschend mein Portemonnaie hervor, um das saftige Bußgeld von 200 Euro zu bezahlen. Als die Drohne eingepackt ist und wir abfahrbereit sind, kann ich es mir nicht verkneifen. Ich kurbele das Fenster runter und winke Silvio zum Abschied zu: »Beste Grüße an Charlotte!«

***

»Ach nein, das glaube ich ja nicht!«

Die etwa 50-jährige, leicht untersetzte Besitzerin des China-Restaurants Große Mauer (abends und am Wochenende mit Mongolischem Büfett) ist ganz außer sich, als wir durch die Eingangstüre treten.

»Das ist das erste Mal in unserer 15-jährigen Geschichte, dass wir echte Chinesen als Gäste haben.« Meine Schwiegereltern freuen sich sehr, wieder ihre Landessprache zu hören. »Da warten schon drei Gäste seit 45 Minuten an Tisch 3. Die gehören zu euch, oder?«

Ich sehe, wie meine Eltern und meine Schwester schweigend auf die drei Gläser vor sich starren und gekonnt versuchen, die Gerüche, die vom heißen Büfett herüberwabern, zu ignorieren. Mein Vater trinkt den letzten Rest aus seinem Glas und stellt es etwas zu laut auf dem Holztisch ab. Wenn er etwas nicht leiden kann, ist es Unpünktlichkeit. Seit 30 Jahren ist sein Mahlzeitenplan sehr streng reglementiert und er hat noch nie dagegen verstoßen. 6 Uhr – erstes Frühstück, 9 Uhr – zweites Frühstück, 12.30 Uhr – Mittagessen und 18 Uhr Abendessen. Jede Mahlzeit dauert exakt 15 Minuten und es gibt nichts, was ihn davon abbringen könnte. Außer die chinesische Familie seines jüngsten Sohnes, die unbedingt Drohnenaufnahmen von der Marienheider Talsperre haben will und dann 45 Minuten lang von einem Polizisten mit spiegelverkehrtem chinesischem Tattoo aufgehalten wird.

»Na, da seid ihr ja endlich. Papa hat schon einen ganz niedrigen Blutzuckerspiegel.«

Meine Mama tätschelt ihrem Mann mitleidig die Wangen. Und einen hohen Blutdruck, wenn ich seine Gesichtsfarbe richtig deute.

»Ihr habt nicht lange auf uns gewartet, oder?«

Diese geradezu unverschämte Frage von Lehrerin Wang übersetze ich lieber nicht. Für meine chinesischen Schwiegereltern sind 45 Minuten keine nennenswerte Verspätung. Wir hatten uns zwar für 18.30 Uhr verabredet, aber wir haben es immerhin noch vor 19.30 Uhr geschafft.

»Dann mal ran ans Büfett.«

Meine Eltern lassen sich nicht zwei Mal bitten und ohne ein Zeichen von Schwäche wegen Unterzuckerung stürzen sie sich in Richtung der dampfenden Speisen. Auch Liping, der Alte Zhu und Lehrerin Wang nehmen sich warme Porzellanteller vom Stapel und schauen neugierig auf die Speisen, die die Deutschen für Delikatessen aus ihrer Heimat halten.

»Mama, guck mal, was ist das?«

Vor uns türmen sich gebratene Nudeln, frittierter Fisch, Chicken Nuggets, Rindfleisch mit Brokkoli, Hähnchen mit Bambussprossen, süß-saure Shrimps in glibberiger Sauce und unzählige weitere Speisen.

»Och, guck mal, Kartoffelbrei haben die auch. Der sieht aber lecker aus.« Meine Schwiegermutter häuft sich mit dem großen Schöpflöffel aus Edelstahl eine großzügige Portion Kartoffelbrei auf den Teller. »Den Germanen bin ich eben eine Germanin.«

Sie genießen sichtlich die Mischung aus recht authentischem Kong-Pao-Chicken und echten deutschen Kartoffelgerichten. Zur Abrundung gibt es etwas japanisches Sushi.

»So, drei Mal Ginger Ale, einmal Mineralwasser und drei Mal heißes Teewasser ohne Beutel.« Ein anderer Kellner bringt Getränkenachschub an den Tisch.

»Xie xie, xie xie.« Meine Schwiegereltern bedanken sich herzlich auf Chinesisch.

»Tut mir leid, ich spreche kein Chinesisch, ich komme aus Vietnam«, kichert der nette Mann mit dem ordentlich frisierten Haar. »Nur unsere Chefin kommt aus China. Die andere Kellnerin ist Filipina und unsere Köche kommen beide aus Kenia.«

Er räumt die leeren Gläser ab und schaut auf dem Büfett nach, ob noch genug Pommes frites und Wackelpudding da sind. Ich beobachte, wie meine chinesische Familie genussvoll mit den bunten Stäbchen Kartoffelbrei isst und meine deutsche Familie mit Gabeln tellerweise gebratene China-Nudeln verschlingt. Und irgendwie ist dieses Bild total harmonisch.

»Es muss ja nicht immer Reis mit Stäbchen sein, Kartoffelbrei mit Stäbchen funktioniert doch auch wunderbar.«

»Was sagst du?«

Ich habe den Gedanken wohl laut ausgesprochen, denn meine Tischnachbarn schauen mich alle fragend an.

»Ach, nichts ...«

Ich schiebe mir ein Stück Rindfleisch in den Mund und die anderen widmen sich ebenfalls wieder den Leckereien auf ihren Tellern. Ich spüre, wie sich in mir so etwas wie ein innerer Frieden ausbreitet. Ich muss mich gar nicht entscheiden zwischen Stäbchen und Gabeln, zwischen Kartoffeln und Reis, zwischen Yin und Yang. Ich mache einfach das, was mir gefällt, und werde damit bestimmt am glücklichsten. Und wenn das jemandem nicht passt, dann kommt die Strategie von Liping zum Zuge – einfach mal den inneren Mittelfinger zeigen. Ich blicke meine Frau an, die so ganz anders ist als ich und von der ich noch so viel lernen kann. Wir stehen gemeinsam auf, um uns noch mal am Büfett zu bedienen. Ich muss meine immer deutlicher werdende Erkenntnis mit einer großen Portion gebratenem Reis und Kartoffelbrei feiern. Ein

glatzköpfiger Mann, dessen ausladender Bauch unter einem Borussia-Dortmund-Fanpullover steckt, steht am Büfett und schaut sich suchend um.
»Gibt es noch Nachschub bei den Frühlingsrollen? Die sind alle!« Er sieht so aus, als sei er auch der Grund, warum die Warmhalteschale mit den Frühlingsrollen komplett leer ist. Er wendet sich an Liping, die er wohl für eine Mitarbeiterin des Restaurants hält. »Könnten Sie mal bei Ihren Kollegen in der Küche Bescheid geben?«
Die spielt natürlich sofort mit.
»Mache ich gleich sofort.« Dann zeigt sie auf die Garnelen und empfiehlt: »Unsere Gardinen sind heute besonders frisch. Probieren Sie doch bitte!«

KAPITEL 10

KÜSSCHEN, GEHT STERBEN UND KOMMT BALD WIEDER

»Ich glaube, deine Mutter hasst uns und will uns nie wieder sehen.«

Es ist der letzte Tag in Deutschland, morgen geht es in aller Frühe zurück in die chinesische Heimat. Ich müsste lügen, wenn ich behaupten würde, dass meine Flitterwochen mit Anhang wie im Fluge vergangen sind. Es fühlt sich im Rückblick eher an wie eine Dampferfahrt auf dem Yangtze-Fluss. Diese Schiffsfahrt zog sich nicht nur endlos in die Länge, sondern war auch begleitet von unzähligen Strudeln, Stromschnellen und Wasserfällen. Ein paar Male wäre ich fast von Bord gegangen, konnte mich aber immer rechtzeitig an der Reling festhalten. Kurz bevor wir nun in den Zielhafen einlaufen, droht unserem Dampfer doch noch eine mittelschwere Kollision mit einem Felsen – meiner Mutter. Da die gemeinsame Zeit mit dem Besuch aus China sich dem Ende zuneigt, will sie auf den letzten Metern noch dafür sorgen, dass den Gästen ihr Aufenthalt, vor allen Dingen die gute rheinische Hausmannskost, lange in Erinnerung bleibt. Darum mache ich mir keine Sorgen, denn diverse Braten, Kartoffeln in zig verschiedenen Zubereitungsarten sowie fette Soßen werden meiner chinesischen Familie noch lange schwer im Magen liegen. Für heute aber hat sie sich etwas ganz Besonderes überlegt. Zum Abschiedsmahl tischt sie ihr berühmtes Birnenkompott auf. Das gibt es normalerweise nur einmal Jahr in unserem Hause – und zwar am ersten Weihnachtsfeiertag. Doch ob ihr jüngster Sohn in den nächsten Jahren Weihnachten zu Hause in Marienheide feiern wird, steht in den Sternen. So halbiert sie also frische Williams-Christ-Birnen und kocht sie mit reichlich Zucker, einigen Nelken, Zimt und etwas Zitronensaft ein. Heraus kommt eine sehr süße, erfrischende und fruchtige Nachspeise.

Nachdem wir alle unsere Teller geleert haben, füllt meine Mutter für jeden eine Birnenhälfte und reichlich Zuckerwasser in eine Dessertschale. Ich freue mich über die verfrühte Weihnachtsdelikatesse, doch meine Schwiegereltern stochern nur mit versteinerter Miene in ihren Schälchen herum. Auch Liping scheint die süße Nachspeise nicht sonderlich zu genießen. Fragend schaue ich sie an, bis schließlich der Alte Zhu das Wort ergreift.

»Ich glaube, deine Mutter hasst uns und will uns nie wieder sehen.«

Die Köchin ahnt nichts von den Gefühlen, die ein einfaches Birnenkompott bei ihrem Besuch aus dem Fernen Osten hervorgerufen hat.

»Will er noch Nachschlag?«

»Ich glaube erst mal nicht«, winke ich ab und wende mich dann an Liping.

»Was ist denn bitte schön«

»Na ja, es ist so ...« Sie räuspert sich. »›Sich auf Nimmerwiedersehen verabschieden‹ und ›Birnen teilen‹ haben exakt die gleiche Aussprache im Chinesischen.« Sie pikst mit dem Dessertlöffel auf dem weichen Obst herum. »Wenn man also jemanden nie wiedersehen möchte, dann teilt man eine Birne mit ihm.« So langsam wird mir einiges klar. »Deswegen würden wir Chinesen Gästen nie geschnittene Birnen anbieten, das ist ein Riesentabu. Birnen darf man nur komplett und jeder alleine essen.«

Das erklärt den bestürzten Gesichtsausdruck meiner Schwiegereltern.

»Was ist denn los, schmeckt es ihnen gar nicht? Ist es vielleicht der Zimt? Den mögen Chinesen nicht besonders, oder?«

»Ehm, nein Mama, es ist nicht der Zimt.«

Wie bringe ich ihr das denn jetzt am schonendsten bei? Einfach heraus mit der Wahrheit ist wahrscheinlich die beste

Strategie. Ich kläre sie also ausführlich über das chinesische Birnenteilen-Sakrileg auf.

»Und jetzt denken Lipings Eltern, dass du sie hasst und nie wieder sehen möchtest.«

Für einen Moment herrscht Schweigen. Dann sackt meine Mutter plötzlich auf ihrem Stuhl zusammen und fängt bitterlich an zu weinen. Wir alle sind ein bisschen geschockt und wissen nicht genau, wie wir reagieren sollen.

»Ich hasse doch niemanden.« Zwischen zwei Schluchzern hat meine Mama ihre Stimme wiedergefunden. »Das ist doch deine Familie, Thomas. Und somit auch unsere.« Mit ihrer Schürze wischt sie sich über die Augen. »Na klar vermissen wir dich sehr. Du bist schließlich unser Jüngster. Aber ich weiß auch ganz genau, dass deine Schwiegereltern gute Menschen sind und dass es dir bei ihnen in China gut geht.«

Sie schnäuzt sich die Nase, während ihr immer noch ein paar Tränen die Wangen runterkullern. Ich muss an mich halten, damit mir nicht das Gleiche passiert.

»Die Mama bleibt halt immer die Mama, egal wie alt du bist und wo du wohnst.« Sie weiß anscheinend nicht wohin mit ihren Händen und fängt an, die leeren Teller vom Tisch zu räumen. »Sag deinen Schwiegereltern bitte, dass sie sich so gut um uns gekümmert haben, als wir in China waren, und ich nur das zurückgeben wollte, was sie für uns und für dich getan haben.«

Meine chinesische Familie weiß nicht so recht, wie sie auf den Gefühlsausbruch meiner Mutter reagieren soll. Auch mich hat er sehr überrascht. Mir wird klar, dass die ganzen Eifersüchteleien, das Besitzergreifen und die Verlustangst einfach nur ein Zeichen von Unsicherheit sind. Auf beiden Seiten. Meine Eltern haben mich großgezogen, Lipings Eltern sie. Und nach Jahrzehnten, die sich im Rückblick wie nur wenige Wochen anfühlen, werden die Kinder flügge und brauchen die Obhut der Eltern nicht mehr. Da kann man schon mal in ein Loch fallen. Und dass ich China zu meiner Wahlheimat erklärt habe, ist für meine eigene Mama natürlich schwer zu akzeptieren.

Aber ich habe nun einmal meinen eigenen Weg beschritten und werde mich von niemandem davon abbringen lassen. Mit Liping habe ich eine starke und ebenbürtige Begleiterin an meiner Seite. Und das ist alles, was zählt. Denn meine Ehepartnerin ist die Einzige, die den Weg mit mir bis zum Schluss gehen wird. Von unseren Eltern und Schwiegereltern werden wir uns irgendwann verabschieden müssen. Bei dem Gedanken muss ich schlucken. Ich stehe auf, umarme meine Mutter wortlos und wische ihr eine Träne von der Wange.

»Ich könnte auch mal eine Umarmung gebrauchen.«

»Die sollst du haben, Papa.«

Ich spüre die mit den Jahren ergrauten Bartstoppeln meines Vaters auf meiner Haut. So unterschiedlich wir alle sind, am Ende sind wir doch alle eine große, eigenartige, internationale Familie.

»Thomas, sag deiner Mutter, dass wir das überhaupt nicht böse gemeint haben.« Lehrerin Wang stupst ihren Mann an. »Stell dich nicht so an, alter Mann. Iss jetzt dein Dessert. Thomas' Mama hat sich solche Mühe gegeben an unserem letzten Tag und das mit dem Birnenteilen ist nur ein dummer Aberglaube.«

Mit zwei Happen sind die Birnenhälften in ihren Mündern verschwunden und meine Mama kann sich zu einem Lächeln durchringen.

»Das wäre doch gar nicht nötig gewesen. Wir haben genug Fruchtjoghurt im Kühlschrank, wenn jemand noch Lust auf eine andere Nachspeise hat.«

»Und für Lipings Mama auch noch zwei Packungen Schmand, wenn sie möchte«, setzt mein Vater hinzu.

Nach dem Mittagessen machen wir uns auf den Weg nach Köln. Obgleich ich volle Shoppingcenter verabscheue wie die Pest, komme ich um diesen letzten Einkaufsausflug nicht herum. Schließlich müssen Töpfe, Messer und Schokolade für alle Freunde sowie die nahen und weiten Verwandten mitgebracht werden. Schenken ist in China eine Wissenschaft für sich. Wir Deutschen wissen zwar, dass kleine Geschenke die Freundschaft erhalten, die Chinesen sind jedoch Meister darin. Da meine Schwiegermutter tagtäglich Bilder von oberbergischen Kühen, dem Eiffelturm und belgischen Waffeln gepostet hat, weiß mittlerweile jeder in ihrem Dunstkreis, dass sie in Europa ist. Wenn sie diesen Leuten nach ihrer Rückkehr nach China begegnet und nicht mindestens eine Packung Mozartkugeln oder eine Kamillenblüten-Handcreme aus dem deutschen Drogeriemarkt als Mitbringsel dabeihat, wäre das ein herber Gesichtsverlust. Diese Kleinigkeiten fallen unter die Kategorie »Basis-Geschenke« für entfernte Verwandte, Nachbarn oder einfache Arbeitskollegen.

»Für den *Vorgesetzten Zhang*« – das ist der stellvertretende Vorsitzende der Shanghaier Fahrschulverbands – »kaufe ich dieses 12-teilige Kochtopfset.«

Meine Schwiegermutter steht in dem Fachgeschäft in der Kölner Fußgängerzone und zeigt auf einen großen Karton. Jetzt wird mir auch klar, was Liping damit gemeint hat, als sie am Tag der Abreise sagte, dass wir für die Rückfahrt vom Shanghaier Flughafen nach Hause einen Minivan mieten müssten. »Und für meine beste Freundin nehme ich dieses Messerset mit Griffen aus Ebenholz.« Ich sehe mich in dem Verkaufsraum um und habe das Gefühl, dass er eigens für

Besucher aus dem Fernen Osten eingerichtet ist. Überall hängen chinesische Schilder und Beschreibungen, zwei Drittel der Angestellten sprechen Chinesisch und bezahlt wird natürlich in Yuan und per QR-Code.

»Ist das auch alles wirklich Made in Germany?«

»Ja natürlich, gnädige Frau. Das ist alles zu 100 Prozent Made in Solingen.«

Zufrieden nickt Lehrerin Wang und bedeutet den Angestellten, dass die Küchenutensilien ihren Ansprüchen genügen. Es wäre eine große Schande, wenn der Beschenkte das Mitbringsel aus Europa öffnen würde und feststellen sollte, dass die Kochtöpfe in einer Nachbarprovinz hergestellt wurden oder die Messer aus Rumänien statt aus Deutschland kommen. Das würde der Qualität wahrscheinlich keinen Abbruch tun, dem Ruf meiner Schwiegermutter jedoch sehr wohl.

»Ihr kommt hier alleine zurecht, oder?«

»Ja, sprechen ja alle Chinesisch«, beruhigt mich mein Schwiegervater.

Also schnappe ich mir meine Frau, um ein paar ruhige Minuten alleine mit ihr zu verbringen. Wir bummeln an Eis schleckenden Teenagern und mit Kreide malenden Straßenkünstlern vorbei in Richtung Domplatte. Ich kann es selber noch nicht ganz glauben, aber mein Ziel ist tatsächlich der Louis-Vuitton-Store. Ich habe mir lange Gedanken darüber gemacht und bin zu dem Schluss gekommen, dass meine Frau ihre Tasche haben soll, wenn sie das glücklich macht. Als wir an der goldfarbenen Tür angekommen sind und der Mitarbeiter uns mit einer einladenden Geste entgegeneilt, sage ich:

»Schatz, ich habe darüber nachgedacht ...«

Noch bevor ich den Satz zu Ende bringen kann, hält Liping mir ihren Finger an den Mund.

»Sag jetzt nichts.« Sie lächelt mich an und zieht mich weg von der Eingangstür der Luxusboutique. »Auch ich habe nachgedacht. Und ich denke, dass ich ohne Tasche viel glücklicher bin.« Damit hätte ich jetzt nicht gerechnet. »Dein größter Liebesbeweis ist sowieso, dass du deine Flitterwochen für deine und meine Eltern geopfert hast und ihnen ein unvergessliches Erlebnis ermöglicht hast.«

In diesem Moment weiß ich wieder, warum ich diese Frau so sehr liebe. In den letzten Stunden unserer Reise haben wir nun unseren ersten richtigen Flitterwochen-Moment. Mit dem imposanten Kölner Dom im Hintergrund stehen wir mitten auf der Domplatte und vergessen bei einem innigen Kuss für einige Minuten alles und jeden um uns herum.

***

Liping hat zwar auf ihre Designerhandtasche verzichtet, dafür legen ihre Eltern jedoch keine falsche Bescheidenheit an den Tag. Früh am nächsten Morgen stehen wir versammelt auf dem gepflasterten Parkplatz vor dem Hause meiner Eltern.

»Ich glaube, dein Schwiegervater muss wieder ein Taxi zum Flughafen nehmen, da passen doch keine vier Leute mehr rein.«

Mein Vater zeigt auf den Siebensitzer, der mir am ersten Tag zu groß vorkam, heute aber kurz vor dem Zerbersten steht. Bis unter die Decke ist er vollgestopft mit Koffern, Bündeln, Taschen und Kartons. Ich bin froh, dass der Fahrersitz für mich reserviert ist, und der Alte Zhu hat sein Gurkenglas auch schon strategisch günstig auf dem Beifahrersitz platziert. Da müssen die beiden Damen sich wohl die Rückbank mit einem großen Koffer, einem Kleidersack sowie einem

großen Schnellkochtopf (Made in Germany) für den Leiter der Shanghaier Fahrerlaubnisbehörde, Direktor Deng, teilen.
»Und die wollt ihr wirklich nicht haben? Damit könnt ihr doch die ganzen Geschenke einpacken.«
Meine Mutter hat drei Rollen grünes Geschenkpapier in der Hand.
»Nein, Mama, das passt beim besten Willen nicht mehr rein.«
Zum Glück habe ich hier das Sagen und bin Herr über die Autoschlüssel, sodass wir uns rechtzeitig mit genug Puffer auf den Weg zum Frankfurter Flughafen machen.
Ich drücke meine Eltern ganz feste und selbst mein Vater muss sich eine Träne verdrücken. Nachdem ich mich aus der Umarmung gelöst habe, verabschieden sich meine Eltern der Reihe nach bei den chinesischen Familienmitgliedern. Als meine Mutter vor dem Alten Zhu steht, möchte sie ihn umarmen. Der steht etwas unschlüssig da und wendet sich schließlich fragend seiner Frau zu:
»Darf ich das?«
Er darf.
»Kommt bald wieder, ja? Ich mache auch bestimmt keinen Birnenkompott mehr, und wenn, dann nur mit ganzen Früchten.«

Ich fahre rückwärts vom Hof auf die Straße. Bevor wir in Richtung Autobahn losbrausen, lasse ich alle Fenster herunter und wir winken meinen Eltern zum Abschied zu.
»Tschüüüss! Tschüüüüss!«, rufen diese aus vollem Halse.
Während ich die Fenster wieder hochlasse und aufs Gaspedal drücke, sehe ich, wie meine Schwiegereltern fassungslos den Kopf schütteln. Liping, mit ihren guten Deutschkenntnissen, lacht laut auf und auch ich weiß, was meinen

Schwiegereltern durch den Kopf geht. Tschüsi auf Chinesisch heißt: »Geh sterben!«.

»Euch Deutsche werde ich wohl nie verstehen. Erst sind sie so nett und jetzt wünschen sie uns den Tod an den Hals!«

***

»So, dann hätten wir einmal 9 Kilo und einmal 7 Kilo Übergepäck. Das macht insgesamt 475 Euro.«

Die Dame am Check-in-Schalter schiebt ihre Brille ein Stückchen weiter nach oben und klackert zwei Mal mit ihrem Kugelschreiber auf die Ablage vor sich.

»Was hat sie gesagt?«

Mit unschuldiger Miene stehen der Alte Zhu und Lehrerin Wang neben mir an der Gepäckwaage. Auch wenn sie kein Deutsch verstehen, konnten sie sehen, wie die Dame in dem dunkelblauen Hosenanzug und dem gelben Seidenhalstuch energisch auf ihrem Taschenrechner herumtippte. Auch die grüne Zahl auf der Anzeige, die in den Tresen vor uns eingelassen ist, spricht eine ganz deutliche Sprache. Ich lasse die Frage also unbeantwortet im Raum stehen und wende mich stattdessen an die Mitarbeiterin.

»Akzeptieren Sie auch ausländische Karten?«

»Wir akzeptieren russische, chinesische, arabische und alle anderen Kreditkarten, Reiseschecks, EC-Karten, Mobiles Bezahlen und Bargeld in sämtlichen Währungen. Also alles, was Sie sich vorstellen können, junger Mann. Außer Muscheln und andere Naturalien.«

Sehr pflichtbewusst übersetze ich Wort für Wort, was die Dame mir gerade gesagt hat. Ich stelle mich hinter meine Schwiegereltern, um ihnen jeden Fluchtweg abzuschneiden. Zähneknirschend holen Sie ihre Handys raus und halten die

QR-Codes vor den Scanner. Es bleibt ihnen nichts anderes übrig. Unser Handgepäck wird auch nur mit zwei zugedrückten Augen des Bodenpersonals als solches durchgehen, da können wir nichts mehr umpacken. Ich hoffe auf deren Gnade und so schnappt sich jeder zwei Rucksäcke und eine Tasche und wir machen uns auf den Weg zum Gate.

Während ich damit beschäftigt bin, Jacke, Gürtel und Uhr abzulegen und in den grauen Plastikbehälter bei der Sicherheitskontrolle zu legen, gehen meine Schwiegereltern durch den Metalldetektor. Die Security-Mitarbeiterin weist Liping hinter mir gerade an, ihren Schmuck abzulegen, als ihr Kollege von der anderen Seite des Röntgengeräts ruft.

»Wem gehört dieser schwarze Rucksack hier?« Er hält die geöffnete Tasche an der Schlaufe hoch. »Hier ist ein Einmachglas mit Wasser und grünem Kraut drin, das muss ich leider entsorgen.«

Und schon fliegt das Gewürzgurkenglas des Alten Zhu in hohem Bogen in den blauen Abfallbehälter mit der Aufschrift *Recycling*. Ich sehe die Katastrophe kommen. Mein Schwiegervater schubst die ältere Dame, die gerade mit einem Metalldetektor seinen Bauch abtastet, unsanft zur Seite und steigt von dem flachen Podest herunter, auf das er sich zwecks Abtastkontrolle gestellt hatte. Er zeigt mit dem Finger auf den Mann auf der anderen Seite des Rollbandes.

»Hol das Glas sofort wieder da raus! Weißt du eigentlich, wer ich bin?« Er macht Anstalten, über das Band in Richtung Recycling-Tonne zu klettern. »Ich bin ehemaliger Polizist ...«

Ich dränge mich nach vorne, ignoriere das Piepen des Metalldetektors und halte meinen Schwiegervater zurück. So weit kommt es noch. Dass er am letzten Tag wegen eines Gewürzgurkenglases eine Prügelei mit einem Security-Mitarbeiter anfängt.

»Geben Sie ihm bitte das Glas zurück. Es ist ihm wichtig.« Der Flughafenmitarbeiter schaut mich verständnislos an. »Die Flüssigkeit können Sie ja wegschütten.« Kopfschüttelnd und wortlos zieht der Mann sich Einweghandschuhe an und tut wie ihm geheißen. Nachdem er die Flüssigkeit entsorgt hat, reißt ihm der Alte Zhu das Glas aus den Händen, schnappt sich sein restliches Gepäck und wir gehen gemeinsam zum Gate. Behutsam vergewissert sich mein Schwiegervater immer wieder, ob sein treuer Begleiter auch ja keinen Schaden davongetragen hat.

Als ich unsere Mitreisenden, die die Bänke am Gate belagern, beobachte, stelle ich fest, dass ich recht hatte mit meiner Befürchtung. Das wird ein heißer Kampf um den Stauraum in den Handgepäckfächern werden. Jetzt wird mir auch klar, warum so viele Chinesen immer gerne schon Stunden vor dem Abflug am Gate anstehen. Wenn man zu spät in den Flieger kommt, muss man eventuell das Handgepäck zehn Stunden lang unter seinen Füßen oder auf seinem Schoß lagern. Und das ist eine sehr unangenehme Vorstellung für einen zehn- bis zwölfstündigen Flug in der Economyklasse.

Wir haben gerade ein paar freie Plätze in der hinteren Ecke des Wartebereichs gefunden und stapeln unser Handgepäck neben den Metallbänken zu einem Turm auf. Ganz nach oben packe ich den Karton mit dem Hochzeitsgeschenk meiner Eltern – das Dampfbügeleisen. Eigentlich wollten wir es in Deutschland lassen, aber Liping hat es im letzten Moment nicht übers Herz gebracht. »Falls ich irgendwann beschließen sollte, doch noch eine vorbildliche Hausfrau zu werden.«

»Wo ist Papa?« Das ist hoffentlich das letzte Mal auf dieser Reise, dass ich diese Frage stellen muss. Ich blicke mich um und sehe aus dem Augenwinkel etwas, das mir schlagartig eine Ganzkörpergänsehaut verursacht.

»Hier bin ich, schaut mal, wen ich getroffen habe!« Mein Schwiegervater winkt vom anderen Ende der Halle zu uns herüber. Bevor ich mich hinter unserem gestapelten Gepäck verstecken kann, haben die anderen mich auch schon entdeckt. Aus der Gruppe der etwa vier Dutzend chinesischen Senioren mit orangen Käppis, zu denen der Alte Zhu sich gesellt hat, ruft eine mir sehr bekannte Dame über die Bankreihen hinweg:

»Afuuuuu, du kommst gerade richtig. Wir wollten gerade die ›Ode an die Freude‹ als Abschlusslied für unsere Europareise singen.«

»Das sind ja unsere Freunde!«

Mit denen haben wir wirklich eine *Schicksalsverbindung*, *yuánfen* auf Chinesisch. Freudestrahlend stellt sich mein Schwiegervater mit der Reisegruppe neben den Toiletten für ein letztes Ständchen in drei Reihen auf. Endlich hat er genug Zeit, sich mit seinen gesangsstarken Landsleuten in aller Ruhe über Gott und die Welt zu unterhalten. Der einzige Misston bei der Sache ist das absolute Rauchverbot im Flughafen und während des gesamten Fluges. Da höre ich auch schon die Durchsage mit der Bitte an die Passagiere nach Shanghai Pudong, sich zum Gate zu bemühen. Das ist das Zeichen für den Laienchor, die Europahymne zum Besten zu geben. Der Alte Zhu klatscht begeistert in die Hände und seine Frau filmt ein letztes vertikales Erinnerungsvideo dieser so ereignisreichen Reise. Ich nehme Liping an die eine Hand und unser Handgepäck in die andere und gemeinsam gehen wir in Richtung Flugsteig. Begleitet von dem Hochgesang der Jodel-Troubadoure auf die Tochter aus Elysium steigen wir ins Flugzeug.

Da er keine *guanxi* bei dem Bodenpersonal des Frankfurter Flughafens hat, sitzt der Alte Zhu nicht in der ersten, sondern in der Reihe hinter uns. Zu seiner großen Freude sind seine Sitznachbarn zwei seiner Gesangsbrüder, mit denen er gerne seine Zeit in Europa verbracht hätte. Doch diese sind auf ihrer Reise wohl keinen Amsterdamer Prostituierten, Berliner Freiluft-Gesäßen oder deutschen Krankenschwestern begegnet, denn sie lauschen gespannt den Erzählungen ihres Sitznachbarn.

»Spinnen tun die schon, die Deutschen. Aber eigentlich sind sie doch ein ganz cleveres Völkchen. Wenn ich Rentner bin, komme ich noch mal wieder. Dann aber für ein paar Monate. Ich habe da schon eine Immobilie im Auge ...«

Ich höre das Geräusch eines Schraubverschlusses und wie jemand einen großen Schluck Tee schlürft. Für meinen Schwiegervater ist das wichtigste Mitbringsel wohl ein Fundus an Begegnungen und Anekdoten aus Deutschland und Europa.

Ich schließe die Augen und schaue mir noch mal mein ganz eigenes Souvenir dieser so besonderen Flitterwochen an – den inneren Mittelfinger. Vor meinem geistigen Auge drehe ich ihn hin und her und bin zufrieden. Er wird sich in Zukunft mit Sicherheit noch als sehr nützlich erweisen. Mit diesem Trumpf in der Hinterhand bin ich sicher, dass Liping und ich, dreimal verheiratet, bis an unser Lebensende zufrieden Rebhühner essen werden – oder eben Kartoffelbrei mit Stäbchen.

Thomas Derksen

Zum Verlieben komisch!
Ein wunderbares Zeugnis deutsch-chinesischer Vereinigung

Als Thomas Derksen sich in die Chinesin Liping verliebt, rechnet er noch nicht mit seinem Schwiegervater in spe. »Ich kenne Ausländer aus dem Fernsehen. Den siehst du einmal unbekleidet und dann nie wieder«, warnt der seine Tochter, noch bevor er die Langnase getroffen hat. Mutig stellt sich der verliebte Rheinländer dem alten Tiger und stapft dabei charmant in die zahlreichen Fettnäpfchen, mit denen sein Weg im Reich der Mitte gepflastert ist. Unglaublich liebenswert und unterhaltsam berichtet Afu, der glückliche Thomas, von seinem Leben und Lieben im Fernen Osten, von kulturellen und kulinarischen Eigenheiten, von Missverständnissen und so mancherlei Aha-Erlebnissen. Ein echter Kracher für alle, die mehr über China erfahren wollen!

978-3-453-60500-8

Leseprobe unter www.heyne.de

Molwanîen in echt!

978-3-453-60406-3

Europa steckt voller Geheimnisse! Wer hätte gedacht, dass die Finnen ein Wort für die Tätigkeit haben, sich in Unterhosen zu betrinken – nämlich »Kalsarikännit«? Wer kennt die so wichtige Geste der Italiener für »Deine Frau geht fremd«? Christian Koch und Axel Krohn haben jede Menge kurioses Reisewissen und überlebensnotwendige Fettnäpfchen-Warnungen zusammengetragen, die Europa von seiner lustigsten Seite zeigen. Verblüffend, erhellend, skurril.

Leseprobe unter **www.heyne.de**

Claudia Hunt

Sind Sie reif für die Insel?

Wir werden in unterschiedlichsten Situationen immer wieder mit Englisch konfrontiert, doch die gängigen Sprachwendungen sind uns nur selten geläufig. Claudia Hunt, die viele Jahre in England gelebt hat, erklärt Überraschendes und Kurioses anhand von lebensnahen Beispielen aus dem Alltag auf der Insel. Ein humorvoller Leitfaden zum britischen »way of life« und nützlicher Sprachkurs zugleich!

978-3-453-68534-5

Leseprobe unter **www.heyne.de**

90 Prozent aller Tierarten sind kleiner als ein Fingernagel

Unnützes und sehr nützliches Wissen von NEON

978-3-453-60102-4

NEON
Unnützes Wissen
978-3-453-60102-4

NEON
Unnützes Wissen 2
978-3-453-60177-2

NEON
Unnützes Wissen 3
978-3-453-60284-7

NEON
Unnützes Wissen 4
978-3-453-60363-9

NEON
Unnützes Wissen 5
978-3-453-60408-7

NEON
Unnützes Wissen 6
978-3-453-60454-4

NEON
Unnützes Wissen Fußball
978-3-453-60244-1

Leseproben unter **www.heyne.de**